"十三五"高职高专规划教材·精品系列

U0650577

ERP沙盘企业模拟对抗经营

ERP SHAPAN QIYE MONI DUIKANG JINGYING

主 编 陶 俊
副主编 胡丽娟 陆海莉
王亚红 颜 成

中国铁道出版社
CHINA RAILWAY PUBLISHING HOUSE

内 容 简 介

本书以金蝶国际软件集团有限公司的 ERP 沙盘模拟实验教具为平台,主要内容包括:了解 ERP 沙盘企业模拟对抗经营课程、熟悉 ERP 沙盘企业模拟对抗、领会企业经营管理战略、体验 ERP 沙盘企业模拟对抗、反思 ERP 沙盘企业模拟对抗等五个项目,以学生的真实实践为主,并设计辅助表格进行实践过程的记录,同时提供了经营决策参考供学生学习。该教材通过分析实战经营的财务战略、市场战略和生产运营战略,让学生在模拟经营实战后反思企业管理的财务、市场、生产的战略规划问题。

本书适用于高职高专层次经济管理类各专业学生,也可作为社会人士的参考用书。

图书在版编目(CIP)数据

ERP 沙盘企业模拟对抗经营/陶俊主编. —北京:
中国铁道出版社,2015.8(2017.2 重印)
"十三五"高职高专规划教材·精品系列
ISBN 978-7-113-20747-2

Ⅰ.①E… Ⅱ.①陶… Ⅲ.①企业管理—计算机管理
系统—高等职业教育—教材 Ⅳ.①F270.7

中国版本图书馆 CIP 数据核字(2015)第 167388 号

书 名:	"十三五"高职高专规划教材·精品系列
	ERP 沙盘企业模拟对抗经营
作 者:	陶 俊 主编
策 划:	左婷婷
责任编辑:	张丽娜 邢斯思
编辑助理:	左婷婷
封面设计:	刘 颖
责任校对:	马 丽
责任印制:	李 佳
出版发行:	中国铁道出版社(100054,北京市西城区右安门西街 8 号)
网 址:	http://www.51eds.com
印 刷:	三河市兴达印务有限公司
版 次:	2015 年 8 月第 1 版 2017 年 2 月第 2 次印刷
开 本:	787 mm×1 092 mm 1/16 印张:13.5 字数:336 千
书 号:	ISBN 978-7-113-20747-2
定 价:	30.00 元

长期以来,学生在校期间,受学科体系的制约和传统教学方法的束缚,难以将所学的专业知识进行有效的整合,形成自身的知识合力;传统的实验设计也很难提升学生在专业方面的分析和解决问题的能力。同时,在企业中,由于所属部门的差异和承担任务的不同,企业的管理者们往往在合作和沟通方面出现问题,越是开会讨论积累的问题越多,其原因就是大家都只看到自己的困难,而没能站在全局角度找到问题的根源和解决问题的流程。

ERP沙盘模拟经营实训完全不同于传统的课堂灌输授课方式,是管理类课程教、学、做一体化教学的实践,是通过直观的企业经营沙盘来模拟企业运行状况。让学生在分析市场、制定战略、组织生产、整体营销和财务结算等一系列活动中体会企业经营运作的全过程,认识到企业资源的有限性,从而深刻理解ERP的管理思想,领悟科学的管理规律,提升管理能力。

本书以金蝶国际软件集团有限公司的ERP沙盘模拟实验教具为平台,共分为五个项目:项目一了解ERP沙盘企业模拟对抗经营课程,简要介绍ERP沙盘的基本知识;项目二熟悉ERP沙盘企业模拟对抗,介绍沙盘主要角色的职能及运营规则;项目三领会企业经营管理战略,介绍企业的前期经营管理策略分析;项目四体验ERP沙盘企业模拟对抗,以学生的真实实践为主,并设计辅助表格进行实践过程的记录,同时提供了经营决策参考供学生学习;项目五反思ERP沙盘企业模拟对抗,主要分析实战经营的财务战略、市场战略和生产运营战略,让学生在模拟经营实战后反思企业管理的财务、市场、生产的战略规划问题。

本书由金肯职业技术学院陶俊主编,胡丽娟、陆海莉、王亚红、颜成参加编写。主要分工如下:陶俊负责全书统筹安排及编写项目二、项目五;胡丽娟负责编写项目一;陆海莉负责编写项目三;王亚红、颜成负责编写项目四;陶俊、颜成负责编写附录。几位编者均从事沙盘教学4年以上,在4年多的教学实践中积累了丰富的教学经验。为了更好地满足实训课程的需要,编者结合指导学生训练的实际情况,同时参考了大量的相关教材,针对财经院校学生的特点编写了本书。在此,向所有被引用文献的著作者、向给予我们指导和帮助的专家学者表示诚挚的谢意。

由于编者水平有限,书中难免存在不足和疏漏,恳请专家、读者批评指正,提出宝贵意见。

编　者

2015 年 5 月

目录

ERP沙盘企业模拟对抗经营 *Contents*

项目一　了解 ERP 沙盘企业模拟对抗经营课程

职业能力目标

1. 初步了解 ERP 沙盘的有关概念。
2. 学习 ERP 沙盘模拟课程的意义。
3. 了解企业的组织架构。

典型工作任务

任务一　了解 ERP 沙盘的相关概念
任务二　模拟企业组织架构

任务一　了解 ERP 沙盘的相关概念

一、什么是 ERP

ERP 是 Enterprise Resource Planning(企业资源计划)的简称,是 20 世纪 90 年代美国一家 IT 公司根据当时计算机信息、IT 技术发展及企业对供应链管理的需求,预测在今后信息时代企业管理信息系统的发展趋势和即将发生的变革而提出的概念。ERP 是针对物资资源管理(物流)、人力资源管理(人流)、财务资源管理(财流)和信息资源管理(信息流)集成一体化的企业管理软件。换而言之,ERP 将企业内部的所有资源整合在一起,对采购、生产、成本、库存、分销、运输、财务和人力资源进行规划,从而达到最佳资源组合,取得最高效益。企业资源包括厂房、设备、物料、资金和人员,甚至还包括企业上下游的供应商和客户等。企业资源计划的实质就是如何在资源有限的情况下,合理组织生产,力求做到利润最大,成本最低。可以说,企业的生产经营过程也是对企业资源的管理过程。

二、什么是沙盘

提到"沙盘",很容易使人联想到战争年代的军事作战指挥沙盘或房地产开发商销售楼盘时的小区规划布局沙盘。它们都清晰地模拟真实的地形地貌,不必让其所服务的对象亲临现场,也能对所关注的位置了然于胸,从而运筹帷幄,制订决策。

三、什么是沙盘模拟

"ERP 沙盘模拟"课程是在充分调研了 ERP 培训市场需求的基础上,汲取了国内外咨询公司和培训机构的管理训练课程精髓而设计的企业经营管理实训课程。"ERP 沙盘模拟"课程的展开就是针对一个模拟企业,把该模拟企业运营的关键环节:战略规划、资金筹集、市场营销、产品研发、生产组织、物资采购、设备投资与改造、财务核算与管理等几个部分设计为 ERP 沙盘模拟课程的主体内容,把企业运营所处的内外部环境抽象为一系列的规则,由受训者组成 6 个相互竞争的模拟企业,通过模拟企业 7 年的经营,使受训者在分析市场、制订战略、营销策划、组织生产、财务管理等一系列活动中,参悟科学的管理规律,全面提升管理能力。

四、ERP 沙盘模拟企业经营实训的作用

ERP 沙盘模拟企业经营实训特有的互动性、趣味性、竞争性特点,能够最大限度地调动学员的学习兴趣,使学员在培训中处于高度兴奋状态,充分运用听、说、学、做、改等一系列学习手段,开启一切可以调动的感官功能,对所学内容形成深度记忆,并能够将学到的管理思路和方法在实际工作中很快实践与运用。在沙盘模拟培训中学员得到的不再是空洞乏味的概念、理论,而是极其宝贵的实践经验和深层次的领会与感悟。

1. 体验式的互动式教学,提高学生学习兴趣

"ERP 沙盘模拟"课程不同于一般的课程,它类似于游戏,又不等同于游戏。在 ERP 沙盘上展示了企业最高层战略规划、营销策划与产品销售、产品开发、产品生产、设备改造与投资、物质采购、资金筹集与财务管理、团队沟通与建设等多方面。每个学生都能在游戏的过程中直接参与企业的模拟运作,体验经管类专业各科目理论。

(1)"游戏"式人才培养模式。

ERP 沙盘模拟实训过程中,每位学生都充当某一角色,类似于游戏,每位学生都能积极参与,不再是传统理论教学或案例教学中以老师讲为主,学生听为辅,而是以学生操作为主,教师指导为辅。这种教学方式使学生在实训过程中,不会感觉枯燥和厌烦,短短几天中会遇到企业经营中经常出现的各种问题,学生们会主动以企业管理者的身份去共同分析问题,制定决策,组织实施。因此,ERP 沙盘模拟教学能极大地激发学生学习的积极性,激发学习的潜能。

(2)"真枪实战"式人才培养模式。

ERP 沙盘模拟课程是将真实的企业浓缩到实训室,形象逼真,使学生们身临其境,真正感受到市场竞争的激烈残酷,体验优胜劣汰法则。经过短短几天的训练,学生完成了真实企业中7 年的运作目标。最终,有些企业生存发展壮大,有些企业破产。学生在成功与失败的体验中,学到了管理知识与管理技巧,强化了理论与实践的结合。

2. 学生在模拟企业中直接参与各项管理工作

传统的培养学生管理能力的方法,是让学生到企业中亲自体验生产经营的全过程。在企业相关部门实训过程中,学生也有机会从最基础的事务做起,将课堂上学到的理论知识与实际接触的具体事务处理有机融合。通过实训,学生们了解了企业的业务流程,清楚地看到企业生产组织的各个环节都在做什么,如何来做。为学生走上实际工作岗位奠定了良好的基础。而实际上,学生在企业实训基本没有直接参与工作的机会。即使有机会,企业也多实行岗位制流程作业,实训学生练得再好,也只是做最基础的工作。只看到点,无法了解面。

而 ERP 沙盘模拟企业经营恰恰解决了这些难题。在 ERP 沙盘模拟企业里,提供了实际企业里几个最为关键的部门及职位:CEO(首席执行官)、财务主管、营销主管、生产主管、采购主管和间谍等职位。

3. 全面提升学生的综合素质与专业知识的融会贯通

ERP 沙盘模拟作为企业经营管理仿真教学系统,还可以用于综合素质训练,使学员在以下方面获益。

(1)树立共赢理念。

市场竞争是激烈的,也是不可避免的,但竞争并不意味着"你死我活"。寻求与合作伙伴之间的双赢和共赢才是企业发展的长久之道。这就要求企业知己知彼,在市场分析和竞争对手分析上做足文章,在竞争中寻求合作,企业才会有无限的发展机遇。

(2)全局观念与团队合作。

通过"ERP 沙盘模拟"课程的学习,学员可以深刻体会到团队协作精神的重要性。在企业运营这样一艘大船上,CEO 是舵手,CFO(首席财务官)保驾护航,营销总监冲锋陷阵……在这里,每一个角色都要以企业总体最优为出发点,各司其职,相互协作,才能赢得竞争,实现目标。

(3)保持诚信。

诚信是一个企业的立足之本、发展之本。诚信原则在"ERP 沙盘模拟"课程中体现为学员对"游戏规则"的遵守,如市场竞争规则、产能计算规则、生产设备购置及转产等具体任务的处理。保持诚信是学员立足社会、发展自我的基本素质。

(4)个性与职业定位。

每个个体因为拥有不同的个性而存在,这种个性在 ERP 沙盘模拟对抗中会显露无遗。在分组对抗中,有的小组轰轰烈烈,有的小组稳扎稳打,还有的小组则不知所措。虽然,个性特点与胜任角色有一定的关联度,但在现实生活中,很多人并不是因为"爱一行"才"干一行"的。更多的情况是需要大家"干一行"就"爱一行"。

(5)树立创新理念。

企业要发展就必须创新。在模拟企业中,各企业要想立于不败之地,也必须创新。在竞争过程中,不能一味地墨守成规,决策者应根据市场的发展变化,做出相应的反应和对策,只有这样,才能保持领先的地位。

(6)感悟人生。

在残酷的市场与企业经营风险面前,是"轻言放弃"还是"坚持到底"?这不仅是一个企业可能面临的问题,更是在人生中需要不断抉择的问题,经营自己的人生与经营一个企业具有一定的相通性。

任务二　模拟企业的组成与组织架构

一、模拟企业的组成

模拟企业将企业中的几个主要部门都集中在一个盘面上，具体包括以下几个方面。

1. 战略中心

战略中心是企业CEO的指挥所，企业所有的重要决策都是从这里发出的，因此，这里很大程度上决定着企业战略的成败。战略中心的核心任务是"战略规划"和"战略执行"，即对未来如何设想，如何组织企业中的各类资源实现上述设想。

"战略规划"包含"确定战略目标"和"设计实施方案"两部分。在战略规划中，ERP沙盘模拟为我们提供了基于对市场总体情况和竞争对手的分析平台，结合ERP沙盘对企业自身能力和资源的诊断，提供了一份条理清晰、结构完整、数据充分的"目标体系"。"战略执行"关系到如何将"战略规划"转化成企业日常的经营活动，ERP沙盘模拟使各组成员明确"做哪些事""做事的成本应是多少""完成与否的后果是什么"，使经营更加规范化。

2. 财务中心

企业财务管理目标对全部理财活动具有根本性的影响。确立企业财务管理目标是明确现代理财思想、建立现代理财方法和措施必须重点考虑的问题。财务中心相当于真实企业的财务、会计的结合体，主要由财务主管担负有关财务、会计的各项任务。因此，既要做好会计核算，又要做好财务管理，即管好资金流动、做好各项财务报表与分析、进行资金预算与筹集。

3. 营销策划与销售中心

企业销售部门站在企业的最前沿，在这里，作为营销主管，其任务是为企业获得尽可能多的利润，将企业生产的各种产品销售到市场上是其主要的责任。因此，开拓各种市场、开发产品、产品的ISO认证工作都需要销售主管去完成。

4. 生产中心

生产中心是生产型企业的源头，所有产品都从这里生产出来。生产中心的最高首长为生产主管，他对企业的一切生产活动进行管理。在这个模拟生产系统中，他主要应做好：生产计划的制订与执行、生产设备的改造与投资建设、厂房的租赁与购买、原物料的请购等。

生产中心的任务是将人力、物料、设备、技术、信息能源等生产要素有效地转化为有形产品或服务，简单地说就是投入、转换、产出的过程。ERP沙盘模拟是生产有形产品。ERP沙盘模拟规范了企业生产过程中的设计、计划、组织与控制，使我们更好地组织公司的日常生产。

5. 物流中心

物流中心对物资履行保管、运输、装卸、包装、加工等功能，它在物资流动中起着桥梁的作用。该中心包括两大部分：物资的采购管理与物资的库存管理。在这个中心以采购主管为首，其职责为根据生产部门的请购单中，向供应商采购相应物料，及时、准确地按生产部门要求供料给生产部门，同时保持零库存状态。在这个ERP沙盘上，它是相对最为简单的一个中心。当然在真实企业里，这两个部门（采购部门与库存部门）非常复杂，它们对企业的生产起着重要作用。采购部门要力求购到满足生产需求的、质量合格的、价格廉价、供货期及时的物料，库存部门则应对物料管理进行规划。

二、模拟企业组织架构

任何企业创建之初,都要有与其企业类型相适应的组织结构。理论上说,企业组织结构的形式可以有无数种,但是在现实组织中得到采用并占主导地位的组织结构则仅有其中的几种,即直线制、直线职能制、事业部制、矩阵组织形式、企业集团组织形式等。这些组织形式其实没有绝对的优劣之分。不同环境中的企业或同一企业中不同单位的管理者,都可根据实际情况选用其中某种最合适的组织形式。组织结构是保证企业正常运转的基本条件。

在 ERP 沙盘模拟企业经营实训中,我们采用了简化的企业组织结构形式,企业组织由几个主要角色来代表,包括 CEO、CFO、营销主管、生产主管、采购主管等。

1. CEO

CEO 负责制定和实施公司总体战略与年度经营计划;建立和健全公司的管理体系与组织结构,从结构、流程、人员、激励四个方面着手优化管理,实现管理的新跨越;主持公司的日常经营管理工作,实现公司经营管理目标和发展目标。

在 ERP 沙盘模拟实训中,企业所有的重要决策均由 CEO 带领团队成员共同决定,如果大家意见相左,由 CEO 拍板决定。作出有利于企业发展的战略决策是 CEO 的最大职责,同时,CEO 还要负责控制企业流程运行。与此同时,CEO 在实训中还要特别关注每个人是否能胜任其岗位,尤其是一些重要岗位,如 CFO、营销主管等,如不胜任要及时调整,以免影响整个企业的运行及竞赛。

CEO 主要完成以下工作:制定发展战略、竞争格局分析、经营指标确定、业务策略制定、全面预算管理、管理团队协同、企业绩效分析、业绩考评管理、管理授权与总结。

作为企业的掌门人,担任该职务的学生可以尽显自身的企业经营管理才能,全方位展现专业理论与实践的结合。学生应对本企业主要的目标、经营方向、经营方针等作出全局谋划。

2. CFO

在企业中,财务与会计的职能常常是分离的,他们有着不同的目标和工作内容。会计主要负责日常现金收支管理,定期核查企业的经营状况,核算企业的经营成果,制定预算及对成本数据进行分类和分析。财务的职责主要是负责资金的筹集、管理,做好现金预算,管好、用好资金。如果说资金是企业的血液,那么财务部门就是企业的心脏。财务主管要参与企业重大决策方案的讨论,如设备投资、产品研发、市场开拓、ISO 资格认证、购置厂房等。企业进出的任何一笔资金,都要经过财务部门。

在学员较少时,一般将上述两大职能都归并到 CFO 身上,统一负责对企业的资金进行预测、筹集、调度与监控。CFO 要管好现金流,按需求支付各项费用和核算成本,做好财务分析;进行现金预算,采用经济有效的方式筹集资金,将资金成本控制在较低水平。

CFO 主要完成以下工作:日常财务记账和登账、向税务部门报税、提供财务报表、进行日常现金管理、制定企业融资策略、控制成本费用、资金调度与风险管理、财务制度与风险管理、财务分析与协助决策。在学员人数允许时,建议增设会计主管(或财务助理)分担会计职能。

通过 CFO 岗位的实训,让学生真正明白,企业的资金是有限的,要想让企业长期稳定的发展,就必须充分管好资金流动、提高资金使用效率。做好各项财务报表与分析,进行资金预算与筹集,进行长短期资金需求预估。

3. 营销主管

企业的利润是由销售收入带来的,销售收入是企业生存和发展的关键。为此,营销主管应结合市场行情及客户需求制订销售计划,有选择地进行广告投放,取得与企业生产能力相匹配的客户订单,与生产部门做好沟通,保证按时交货给客户,监督货款的回收,进行客户关系管理。

营销主管主要完成以下工作:市场调查分析、制定市场进入策略、制订品种发展策略、制定广告宣传策略、制订销售计划、争取订单与谈判、签订合同与过程控制、按时发货与应收款管理、销售绩效分析。

营销主管还可以兼任商业间谍的角色,因为他最方便监控竞争对手的情况,比如,对手正在开拓哪些市场,未涉足哪些市场,他们在销售上取得了多大的成功,他们拥有哪类生产线,生产能力如何等。充分了解市场,明确竞争对手的动向,有利于本企业与对手今后的竞争与合作。

通过营销主管岗位的实训,学生可以学会如何分析市场、开发市场与产品及相关认证;关注竞争对手、感受企业及市场内外的压力、把握消费者需求;制订营销与广告策略、销售计划,使之尽可能提高企业利润。

4. 采购主管

采购是企业生产的首要环节。采购主管负责各种原料的及时采购和安全管理,确保企业生产的正常进行;负责编制并实施采购供应计划,分析各种物资供应渠道及市场供求变化情况,力求从价格上、质量上把好第一关,为企业生产做好后勤保障;进行供应商管理;进行原材料库存的数据统计与分析。

采购主管主要完成以下工作:编制采购计划、与供应商谈判、签订采购合同、监控采购过程、到货验收、仓储管理、采购支付决策、与财务部协调、与生产部协同工作。

在模拟企业里,让学生首先学会的一点,就是物流中心的首要任务——保证生产正常进行。此外,学生还会学会什么是采购合同,当企业与相应部门签订相关物料采购供应合同后,是不能变更的。也就是,采购主管在下达采购订单时,应严格按照物料请购单进行。最后,学生还会学会物料采购周期、库存管理中的零库存和安全库存管理等。

5. 生产主管

生产主管是企业生产部门的核心人物,对企业的一切生产活动进行管理,并对企业的一切生产活动及产品负最终的责任。生产主管既是生产计划的制订者和决策者,又是生产过程的监控者,对企业目标的实现负有重大责任。他的工作是通过计划、组织、指挥和控制等手段实现企业资源的优化配置,创造最大的经济效益。

生产主管主要完成以下工作:产品研发管理、管理体系认证、固定资产投资、编制生产计划、平衡生产能力、生产车间管理、产品质量保证、成品库存管理、产品外协管理。

作为生产系统的最高管理者,在真实企业生产中要从人、机、料、法律、环境、安全、质量、成本等方面进行管理,当然该模拟虽然无法实现这些方面的操作,但是仍然能让学生掌握一些内容:生产计划的制订与执行、产品的生产流程与生产周期、机器设备的改造与投资、机器设备的损耗与折旧、原物料的请购等。

6. 商业间谍

21 世纪是一个信息化的社会,获取最新、准确的信息是企业持续发展的保障。因此,学生

应该学会如何获得竞争对手的信息，如何将信息加工整理，如何将信息反馈给总部，从而为企业战略、战术发展提供参考依据。

7. 其他角色

在学员人数较多时，可适当增加财务助理、CEO 助理、销售助理、生产助理等辅助角色，特别是财务助理一职很值得设立。为使这些辅助角色充分发挥作用，应尽可能明确其所承担的职责和具体任务。

项目小结

本章详细介绍了 ERP 沙盘的相关概念、模拟企业的组织架构、了解 ERP 沙盘运营中的角色设置，这些是我们进行 ERP 沙盘模拟经营的基础。经营的模拟企业不是从无到有的，而是一家已运营一段时间的企业；市场环境也不是变幻莫测的，而是有一定的规律可循。

项目二　熟悉 ERP 沙盘企业模拟对抗

职业能力目标

1. 能够组建自己的模拟企业小组，小组成员分工明确。
2. 能够熟练掌握 ERP 沙盘的经营规则。

典型工作任务

任务一　企业生存之道
任务二　企业经营规则

任务一　企业生存之道

一、企业经营的本质

企业是指从事商品生产、流通和服务等活动，为满足社会需要和盈利，进行自主经营、自负盈亏、具有法人资格的经济组织。经营是指企业以市场为对象，以商品生产和商品交换为手段，为了实现企业的目标，使企业的投资、生产、销售等经济活动与企业的外部环境保持动态均衡的一系列有组织的活动。企业是一个以盈利为目的的组织。企业管理的目标可概括为生存、发展、盈利。

二、企业生存之道

经营一个企业需要遵循的法律法规名目繁多，各个环节涉及的知识内容丰富，每一项工作都要求专业的计算和策划。例如，其中的生产组织就是一门专业课程。在本实战模拟实验中，我们只能忽略大量细节，以简化的方式模拟一个企业的基本经营状况。企业在市场上生存下来的基本条件：一是以收抵支；二是到期还债。这从另一个角度告诉我们，如果企业出现以下两种情况，就将宣告破产。

（1）资不抵债。如果企业所取得的收入不足以弥补其支出，导致所有者权益为负时，企业破产。

（2）现金断流。如果企业的负债到期，无力偿还，企业就会破产。在模拟经营中一旦破产条件成立，请指导教师裁夺。一般可能有三种处理方式：其一，如果企业盘面能让股东/债权人看到一线希望，股东可能增资，债权人可能债转股；其二，企业联合或兼并；其三，破产清算。

企业经营的本质是股东权益最大化，即盈利。而从利润表中的利润构成中不难看出获得盈利的主要途径一是扩大销售（开源），二是控制成本（节流）。

1. 扩大销售

利润主要来自于销售收入，而销售收入由销售数量和产品单价两个因素决定。提高销售数量有以下几种方式。

（1）扩张现有市场，开拓新市场。

（2）研发新产品。

（3）扩建或改造生产设施，提高产能。

（4）合理加大广告投放力度，进行品牌宣传。

提高产品单价受很多因素制约，但企业可以选择单价较高的产品进行生产。

2. 控制成本

产品成本分为直接成本和间接成本。

（1）降低直接成本。直接成本主要包括构成产品的原料费和人工费。在"ERP 沙盘模拟"课程中，原料费由产品的 BOM（Bill of Material，物料清单）结构决定，在不考虑替代材料的情况下没有降低的空间；用不同生产线生产同一产品的加工费也是相同的，因此在"ERP 沙盘模拟"课程中，产品的直接成本是固定的。

（2）降低间接成本。从节约成本的角度，我们不妨把间接成本区分为投资性支出和费用性支出两类。投资性支出包括购买厂房、投资新的生产线等，这些投资是为了扩大企业的生产能力而必须发生的；费用性支出包括营销广告、贷款利息等，通过有效筹划是可以节约一部分的。

任务二 企业经营规则

企业在一个开放的市场环境中生存，企业之间的竞争需要遵循一定的规则。综合考虑市场竞争及企业经营所涉及的方方面面，简化为以下几个方面的约定。

一、市场划分与市场准入

企业目前在本地市场经营，新市场包括区域、国内、亚洲、国际市场，见表 2-1。不同市场投入的费用及时间不同，只有市场投入全部完成后方可接单。所有已进入的市场，每年最少需投入 1 M（100 万元）维持，否则视为放弃了该市场。

表 2-1 市场划分与市场准入

管理体系	ISO 9000	ISO 14000	市场	区域	国内	亚洲	国际
建立时间	2 年	3 年	完成时间	1 年	2 年	3 年	4 年
所需投资	1 M/年	1 M/年	投资规则	1 M/年	1 M/年	1 M/年	1 M/年

1. 市场开发

市场开发投资按年度支付,允许同时开发多个市场,但每个市场每年最多投资为 1 M,不允许加速投资,但允许中断。市场开发完成后持开发费用到指导教师处领取市场准入证,之后才允许进入该市场竞单。

2. ISO 认证

ISO 9000 和 ISO 14000 两项认证投资可同时进行或延期,相应投资完成后领取 ISO 资格证。研发投资与认证投资计入当年综合费用。

二、销售会议与订单争取

销售预测和客户订单是企业生产的依据。

1. 销售会议

每年年初各企业的营销主管与客户见面并参加销售会议,根据市场地位、产品广告投入、市场广告投入和市场需求及竞争态势,按顺序选择订单。

2. 市场地位

市场地位是针对每个市场而言的。企业的市场地位根据上一年度各企业的销售额排列,销售额最高的企业称为该市场的"市场领导者",俗称"市场老大"。

3. 广告投放

广告是分市场、分产品投放的,投入 1 M 有一次选取订单的机会,以后每多投 2 M 增加一次选单机会。但能否选上单则取决于市场需求、竞争态势等。在"广告投放单"中按市场、产品决定投放广告费用。如果希望获得标有"ISO 9000"或"ISO 14000"的订单,必须在相应的栏目中投入 1 M 且只需要 1 M 的广告费,该投入对该市场的所有产品有效。

4. 客户订单

客户订单以卡片的形式表示。卡片上标注了市场、产品、产品数量、单价、订单价值总额、账期、特殊要求等。

(1)订单上的账期代表客户收货时货款的交付方式。若为 0 账期,则现金付款;若为 3 账期,则表示客户付给企业的是 3 个季度到期的应收账款。

(2)如果订单上标注了"ISO 9000"或"ISO 14000",则要求生产单位必须取得相应的认证并投放了认证的广告费,两个条件都具备,才能接此订单。如果订单上有"加急!"字样,表示此订单为加急订单,必须在第一季度交货;其余订单为普通订单,可以在当年内任一季度交货。如果不能按时交货,企业将受到以下处罚:因不守信用市场地位下降一级。如果是市场老大没有按期交货,其市场地位下降后,则本年度该市场没有市场老大。下一年该订单必须最先交货。交货时扣除该订单总额的 25%(取整)作为违约金。

5. 订单争取

客户订单是按市场、按产品发放,首先发放本地市场的订单,按 Beryl、Crystal、Ruby、Sapphire 产品顺序发放;再发放区域市场的订单,也按 Beryl、Crystal、Ruby、Sapphire 产品顺序发放,以此类推。企业的选单次序如下所示:

(1)由上一年在该市场的领导者最先选择订单。

(2)按产品的广告投入量的多少,依次选择订单。若在同一产品上有多家企业的广告投入相同,则按该市场上全部产品的广告投入量决定选单顺序;若市场的广告投入量也相同,则按

上年订单销售额的排名决定顺序；否则通过招标方式选择订单。

说明：

①市场老大要想获得选单机会，至少要投入 1 M 的广告费。

②无论投入多少广告费，每次只能选择 1 张订单，然后等待下一次选单机会。

③各个市场的产品数量是有限的，并非只要打广告就一定能拿到订单；而能摸清"市场前景"、做好市场预测，并且"商业间谍"得力的企业占据一定优势。

下面以市场竞单实际操作过程举例。

以第 3 年本地市场 Crystal 产品为例，首先将广告费填写在"广告投放单"中每个市场的相应产品栏内，见表 2-2 就是 A、B、C 三组在第 3 年本地市场的广告投入情况。如果要取得 ISO 标准的订单。首先要进行 ISO 认证，然后在每次的竞单中，要在广告登记单上的 ISO 位置填写 1 M 的广告费。

表 2-2　广告登记单

第 3 年　A 组（本地）

产　品	广　告	订单总额	数　量	ISO 9000	ISO 14000
Beryl					
Crystal	2	23	3		
Ruby					
Sapphire					

第 3 年　B 组（本地）

产　品	广　告	订单总额	数　量	ISO 9000	ISO 14000
Beryl					
Crystal	5	32＋17	4＋2	1	
Ruby					
Sapphire					

第 3 年　C 组（本地）

产　品	广　告	订单总额	数　量	ISO 9000	ISO 14000
Beryl					
Crystal	1	18	2		1
Ruby					
Sapphire					

第一轮，首先由 B 组选单，B 组选择销售额为 32 M 的订单；然后由 A 组选单，A 组选择销售额为 23 M 的订单；接下来是 C 组选单，C 组选择第三张销售额为 18 M 的订单。

第二轮，B 组选择第一张销售额为 17 M 的订单。

说明：

此次竞单如果从竞争的角度来看，C 组可以考虑选择第一张订单（销售额为 17 M），虽然少获得了 1 M 的销售额和利润，但 B 组就会失去了第二次选单的机会。因为 B 组没有打需持有 ISO 14000 认证的广告，没有资格拿带有 ISO 14000 的订单，也就是第三张订单（销售额为 18 M）。图 2-1 为订单明细（图中数字为四舍五入后的），表 2-3 为选单结果统计表。

Crystal （Y2 本地）	Crystal （Y2 本地）
2×8.5 M/个=17 M	4×8 M/个=32 M　ISO 9000
账期: 4Q　交货: Q2	账期: 2Q　交货: Q2
订单1	订单2
Crystal （Y2 本地）	Crystal （Y2 本地）
2×9 M/个=18 M　ISO 14000	3×7.6 M/个=23 M
账期: 1Q　交货: Q2	账期: 4Q　交货: Q2
订单3	订单4

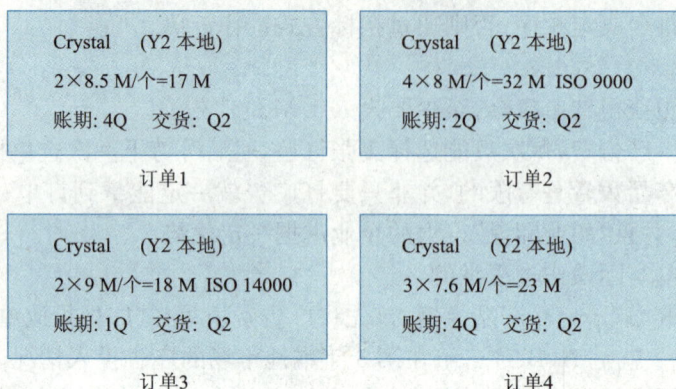

图 2-1　订单明细

表 2-3　选单结果统计表

第 1 轮选单			第 2 轮选单		
选单顺序	订单	企业	选单顺序	订单	企业
第一	订单 2	B	第一	订单 1	B
第二	订单 4	A			
第三	订单 3	C			

三、厂房购买、租赁与出售

　　每年年底要决定厂房的购买、租赁与出售，购买厂房后，将购买款放在厂房价值处，表明该厂房的价值，厂房不提折旧；如果厂房（没有购买）中有生产线，则需要支付租金，租赁厂房的租金，放在综合费用区的租金项下；出售厂房可以在运营的每个季度规定的时间进行，出售厂房的收入计入应收款（Q 表示季度），不是可以马上使用的现金。厂房的购买、租赁与出售操作，见表 2-4。

表 2-4　厂房的购买、租赁与出售

厂房	购价	租金	售价（账期）	容量
新华	40 M	6M/年	40 M(2Q)	4
中上	30 M	1M/年	30 M(1Q)	3
法华	15 M	1M/年	15 M	1

四、生产线购买、转产与维护、出售

　　所有生产线都能生产所有产品，所需支付的加工费不同，表 2-5 为生产线购买、转产与维护、出售。

表 2-5　生产线购买、转产与维护、出售

生产线	购买价格	安装周期	搬迁周期	加工周期	改造周期	改造费用	维护费用
手工线	5M/条	1Q	无	3Q	无	无	1M/年

续表

生产线	购买价格	安装周期	搬迁周期	加工周期	改造周期	改造费用	维护费用
半自动	10M/条	2Q	无	2Q	1Q	2 M	1M/年
全自动	15M/条	3Q	1Q	1Q	2Q	6 M	2M/年
柔性线	25M/条	4Q	1Q	1Q	无	无	2M/年

1. 生产线购买

投资新生产线时按安装周期平均支付投资,全部投资到位的下一个季度领取产品标识,开始生产。

2. 生产线转产

现有生产线转产生产新产品时可能需要一定转产周期并支付一定转产费用,最后一笔支付到期一个季度后方可更换产品标识。

3. 生产线维护

当年在建的生产线和当年出售的生产线不用交维护费,在用的每条生产线需支付 1 M 的维修费。

4. 生产线出售

出售生产线时,如果生产线净值小于等于残值,将净值转换为现金;如果生产线净值大于残值,将相当于残值的部分转换为现金,将差额部分作为费用处理(综合费用——其他)。

例:全自动线的残值为 4 M,若当前 A 全自动线净值为 5 M,B 全自动线净值为 3 M。则出售两条生产线后获得的现金分别为以下内容。

A 全自动线:获得 4 M 现金,1 M 转到综合费用——其他。

B 全自动线:获得 3 M 现金。

5. 生产线折旧

每年按生产线净值的 1/5 取整计算折旧。当年建成的生产线不提折旧。直到生产线净值为 0 后,不需要再提折旧。

五、产品研发、产品构成与产品生产

新产品研发投资可以同时进行,按研发周期平均支付研发费用。资金短缺时,可以随时中断或终止投资。全部投资完成后的下一周期方可开始生产。当年的研发投资计入当年综合费用,研发投资完成后持全部投资换取产品生产资格证。拿到产品生产资格证才能生产相应的产品,但不影响参加相应产品的订货会。产品研发周期及费用见表 2-6。

表 2-6 产品研发周期及费用

产　　品	Crystal	Ruby	Sapphire
研发时间	4Q	6Q	8Q
研发费用	4 M	12 M	16 M

产品研发完成后,即可投入生产。生产不同的产品需要不同的原料。具体的产品研发、产品构成及加工费,见表 2-7。

表 2-7　企业产品构成及加工费

产品	原材料	加工费			
		手工线加工费	半自动线加工费	全自动线加工费	柔性线加工费
Beryl	M1	1 M	1 M	1 M	1 M
Crystal	Beryl＋M2	2 M	1 M	1 M	1 M
Ruby	M2＋2×M3	3 M	2 M	1 M	1 M
Sapphire	M2＋2×M3＋M4	4 M	3 M	2 M	1 M

（1）M1 蓝色币、M2 蓝色币、M3 蓝色币、M4 蓝色币均为原材料，每个价值均为 1 M。

（2）所有生产线都能生产上述产品，所需支付的加工费各不相同，用灰币代表。每条生产线同时只能有一个产品在线生产，开始生产时按产品结构要求将原料在生产线上并支付相应加工费开始生产。上线生产必须有原料，否则必须停工待料。

六、原材料采购与产品生产

原材料采购涉及两个环节，即签订采购合同和按合同收料。签订采购合同时，要注意采购提前期，M1、M2 需要提前一期下订单，M3、M4 需要提前两期下订单，到期方可取料。订单下早了会造成原材料积压，占用资金；订单下晚了会造成停工待料，影响生产效率。用空桶表示原材料订货，将其放在沙盘盘面相应的原材料订单上，订货时不付款。货物到达时，必须照单接收，即按合同收料并支付原材料费。

产品生产：开始生产时按产品结构要求将原料放在生产线上并支付加工费，各条生产线生产产品的加工费不同。各条生产线不能同时生产两个产品。

七、融资货款与资金贴现

融资是企业进行一系列经济活动的前提和基础。融资按目的不同可分为长期融资和短期融资。长期融资主要用于构建固定资产和满足长期流动资金占用的需要；短期融资指满足企业临时性流动资金需要而进行的融资活动。企业的具体融资方式，见表 2-8。

表 2-8　企业的融资方式

贷款类型	贷款时间	贷款额度	年息	还款方式
长期贷款	每年年末	权益的 2 倍	10%	年底付息，到期还本付息
短期贷款	每季度初	权益的 2 倍	5%	到期一次还本付息
高利贷	任何时间		20%	到期一次还本付息
自己贴现	任何时间	视应收款额	1∶6	变现时贴息

（1）长期贷款每年只有一次，即在每年年末。长期贷款最长期限为 5 年，长期贷款每年必须支付利息，到期还本付息。

本年长期贷款的最大额度＝上年权益×2－已贷款额

（2）短期贷款每年可贷 4 次，分别为每季季初。短期贷款期限为 1 年，不足 1 年的按 1 年计息，到期还本付息。

本年短期贷款的最大额度＝上年权益×2－已贷款额

（3）高利贷可以随时申请，高利贷使用期限为 1 年（同短期贷款），到期还本付息，发放额度应与银行协商。

所有贷款都必须以 20 的倍数申请，发放贷款以 20 M 为基本贷款单位。若提前使用应收款必须进行资金贴现，资金贴现在有应收款时随时可以进行，金额是 7 的倍数，不论应收款期限长短，每 7 M 中拿出 1 M 交贴现费，6 M 为现金。

八、综合费用与折旧、税费、利息

1. 综合费用

企业的行政管理费（每个季度花费 1 M）、市场开拓、产品研发、ISO 认证、广告、生产线转产、设备维修、厂房租金等项费用计入综合费用。

2. 折旧

设备折旧按直线法计算，每年按生产线净值的 1/5 取整计算折旧。当年建成的生产线不提折旧。直到生产线净值为 0 后，不需要再提折旧。

3. 税费

每年末按当年应纳税所得额 25% 计提所得税（不计小数），并计入应交税费，下一年年初交纳。盈利时，按弥补以前年度亏损后的余额计提所得税。

4. 利息

企业发生的利息、贴息等费用在利润表、损益表中单列为财务支出，不计入综合费用。

九、破产规则

连续两年所有者权益及净利润都为负数者，视为破产，破产后企业仍可以继续经营，但必须严格按照产能争取订单，破产企业的组队不能参加最后的成绩排名。

十、手工沙盘模拟企业经营实训综合考核

1. 企业各职能岗位考核标准

一个管理团队内部如果意见相左，观点对立，必然导致企业效率低下，互相推诿。CEO 要领导其管理团队，树立共同的愿望和目标，作出所有企业的重要决策。所以为了实现经营目标，CEO 要充当人力资源主管的角色，建立绩效考核制度，明确各个岗位的考核要求，细化和量化各项指标，以此进行奖优罚劣。表 2-9 是可参考的各职能岗位考核标准。

表 2-9　企业各职能岗位考核标准

岗位	考评项目及标准	考核满分	1 年	2 年	3 年	4 年	5 年	6 年	总评
营销主管	运行记录，台账正确、及时、完整	20							
	分析报告、销售计划与执行的吻合度	20							
	广告投放合理，广告投入产出比	20							
	按时交货，订单是否违约	20							
	及时催收应收款，回收及时	20							
	姓名：　　　　　　　合计	100							

岗位	考评项目及标准		考核满分	1 年	2 年	3 年	4 年	5 年	6 年	总评
生产主管	运行记录,台账正确、及时、完整		20							
	生产计划的制订与执行,开工计划及执行的吻合度,保证供货		20							
	产能的计算,及时提供正确的产能数据,是否因产能计算造成违约		20							
	产品研发与设备投资是否把握时机,两者是否匹配,是否造成延期生产		20							
	正确核算生产成本,是否过量的产品库存		20							
	姓名:	合计	100							
采购主管	运行记录,台账正确、及时、完整		20							
	制订与生产计划匹配的采购计划		20							
	采购计划的执行,及时采购、收料与付款		20							
	保证生产所需物料供应		20							
	每季度各种原料是否实现零库存		20							
	姓名:	合计	100							
财务主管 财务助理	运行记录,台账正确、及时、完整		20							
	制订与业务匹配的资金计划,不出现资金短缺		20							
	报表及时、准确完成,无超时、错误		20							
	融资方式合理、低成本		20							
	正确计算并支付各项费用		20							
	姓名:	合计	100							
CEO	运行记录,台账正确、及时、完整		20							
	经营目标制订及业绩达成是否一致		20							
	保证企业经营流程顺畅		20							
	是否授权合理,分配合理		20							
	注重人员能力提升,团队协作,各岗位到岗率,企业文化建设		20							
	姓名:	合计	100							

说明:对以上表格考核,各团队可以采取组员互相评分方式进行考核,最后 CEO 进行综合评分。

2. 手工沙盘模拟企业经营实训综合评分标准

课程结束后,每个组都会有一个实训成绩,但这个成绩并不能充分反映学生的真实情况,有的组虽然破产了,但在经营过程中,组员可能一直积极参与,而且积累了很多宝贵的经验,善于学习与思考。因此,教师在给学生综合评分时,应根据学生的具体实训情况,评定学生成绩。

下面给出一个参考的总成绩评定方式：

总成绩＝实训结果系统成绩(70％)＋各组成员表现(20％)＋总结(10％)

实训结果系统成绩根据各组的最后权益、生产能力、资源状态等进行综合评分,评比公式为：

实训结果系统成绩＝所有者权益(结束年)×(1＋企业综合发展潜力/100)－其他扣分

其中,"企业综合发展潜力"为表 2-10 中各项目分数之和。

表 2-10　企业综合发展潜力项目表

得分项目	计算方法
大厂房	＋15 分
小厂房	＋10 分
手工生产线	＋5 分/条
半自动生产线	＋10 分/条
全自动线	＋15 分/条
柔性线	＋15 分/条
本地市场开发	注:手工沙盘不计分,创业者电子沙盘计＋10 分
区域市场开发	＋10 分
国内市场开发	＋15 分
亚洲市场开发	＋20 分
国际市场开发	＋25 分
ISO 9000	＋10 分
ISO 14000	＋10 分
Beryl 产品开发	注:手工沙盘不计分,创业者电子沙盘计＋10 分
Crystal 产品开发	＋10 分
Ruby 产品开发	＋10 分
Sapphire 产品开发	＋15 分
结束年本地市场第一	＋15 分
结束年区域市场第一	＋15 分
结束年国内市场第一	＋15 分
结束年亚洲市场第一	＋15 分
结束年国际市场第一	＋15 分
高利贷扣减	－15 分/次
延时交报表	－1 分/次
采购订单违约(拒接原材料)	－2 分/订单
报表错误	－10 分/次
流程不规范	－10 分/次

说明:自有的生产线、厂房,只要没有生产出一个产品,都不能获得加分;已经放弃的市场不能获得市场开发加分;最后一年不能交货的取消市场第一加分。

3. 手工沙盘模拟企业经营实训报告

课程结束后，为了更好地巩固实训效果，建议以小组为单位，撰写实训报告。范例如下，主要包括以下内容。

（1）实训时间。

××××年××月××日—××××年××月××日

（2）实训小组成员。

×××实训小组

×××实训小组

（3）实训目的。

通过本次实训，使学员了解企业管理决策的基本思想及流程，并充分理解管理过程中团队精神的体现、哲学思维的运用、个性能力的渗透、共赢理念的培养、诚信原则的坚持和职业定位的思考等，全面提高学员发现问题、分析问题、解决问题的能力，从而实现战略规划、资金筹集、市场营销、产品研发、生产组织、物质采集、设备投资与改造、财务核算与管理等企业管理决策内容的全面认识。

（4）ERP 沙盘模拟企业经营决策在公司发展中的必要性。

在激烈的市场竞争中，无论是什么性质的企业，只有制定了正确的发展目标和市场规划，才有可能在市场上站稳脚跟，企业经营决策渗透于企业的方方面面，对一个企业发展的成败有着决定性的作用。决策是管理的核心问题，决策活动是管理活动的主要组成部分，现代企业所面临的经营环境日趋复杂，企业的经营活动日益受到外部环境的作用和影响，企业要在急剧变化的环境中求得生存和发展，经营者必须善于分析企业内外部环境中的各种因素，把握对企业有利的契机，克服企业发展所面临的威胁，制定出正确的经营决策，实现企业外部环境、内部条件和经营目标三者之间的动态平衡。

ERP 沙盘模拟对抗训练将企业经营决策的理论和方法与实际模拟操作结合在一起，融合角色扮演、案例分析和专家诊断，使企业学员在参与中学习，在游戏般的操作中感受到完整的决策体验，进而使学员深刻地体会到"决策"在企业经营成败中的关键作用，以及企业进行信息化建设的必要性和急迫性。

在激烈的市场竞争和内外环境的压力下，企业若要达到预期的市场占有率和预期的经济效益，提高企业的应变能力和竞争能力，就必须作出正确的市场决策，因此，也可以说企业经营决策是企业存在和发展的前提和根本。

（5）ERP 沙盘模拟企业经营决策的总体思路。

①以最少的广告费投入获得最多的市场订单。

②在经营生产的过程中怎样生产、生产什么、研发什么。

③进行新市场的开拓，通过了解对市场需求和价格的分析，具体搞清楚开拓什么样的市场。

④生产线在调整、买卖及维护的过程中应该注意的问题有哪些。

⑤加强与各个公司之间的联系，积极了解对手发展动向，并根据其发展情况制定并执行相应的对策。

⑥为增强公司的竞争力，提高公司在市场上的地位和在公众心目中的知名度，对产品进行 ISO 资格体系的认证。

　　⑦制定工作目标和工作计划,降低生产成本,提高劳动生产率和工作效率,在生产经营过程中实施 5W1H 法则,即 Why、What、Who、When、Where、How。

　　⑧注意公司各部门的协调,加强公司各个部门的沟通和交流,定期了解员工生产和生活动向,促进公司人员的团结与和谐。

　　⑨ERP 沙盘模拟企业经营决策的主要内容分析。

　　(略)

　　(6)ERP 沙盘模拟企业经营实训心得(收获及不足)。

　　(略)

项目小结

　　本章详细介绍了企业的生存之道及经营法则,模拟企业的经营必须符合相应的市场发展规律,在进行 ERP 沙盘模拟时,必须结合市场的经营状况及市场预测,理清经营思路,做到有的放矢。

项目三　领会企业经营管理战略

职业能力目标

1. 领会企业战略的类型及分析方法。
2. 领会企业营销管理的工具及方法。
3. 领会企业经营管理能力及财务分析的方法。
4. 领会目标市场预测及定位。

典型工作任务

任务一　企业战略分析
任务二　广告投入产出比分析
任务三　市场占有率分析
任务四　企业经营管理效率分析
任务五　企业成本分析
任务六　企业财务分析
任务七　目标市场预测与选择

当各组代表的企业开始 ERP 沙盘模拟经营时，各自的初始盘面是一样的，但经过几年的模拟运营，每组的经营情况完全不同，有的赚钱，有的亏本，有的甚至破产倒闭。为什么起点一致结果却不同，企业经营成败的原因是什么？这些问题通过企业经营管理分析与评价能够得到解答。本章主要从企业战略、广告投入产出比、市场占有率、企业经营管理效率、企业成本、企业财务进行分析与评价，并对目标市场进行预测和选择。

任务一　企业战略分析

一、企业战略的定义

"战略"一词最初用于军事领域，指全面规划、部署、指导军事力量的建设和运用，以有效达

成既定的政治目的和军事目的。在经济学领域,"战略"被释义为"企业战略",并赋予其新的涵义。由于在企业战略理论的发展中出现众多的理论流派,至今还没有形成一个统一的概念。以下介绍2个代表人物及其观点。

1. 美国战略学家伊戈尔·安索夫(Igor Ansoff)

他在《从战略计划走向战略管理》一书中,首次提出了"企业战略管理"的概念。安索夫认为企业战略管理是确定企业使命后,根据企业外部环境和内部经营要素确定企业目标,保证目标的正确落实并使企业使命最终得以实现的一个动态过程。

2. 加拿大管理学家亨利·明茨伯格(Henry Mintzberg)

他认为在企业的经营活动中,管理者在不同的场合以不同的方式赋予企业战略以不同的内涵,即计划(plan)、计策(ploy)、模式(pattern)、定位(position)和观念(perspective),这构成了企业战略的"5P"。

(1)战略是一种计划:战略是一种有意识、有预计、有组织的行动程序,是解决一个企业如何从现在的状态达到将来位置的问题。战略主要为企业提供发展方向和途径,包括一系列处理某种特定情况的方针政策,属于企业"行动之前的概念"。

(2)战略是一种计策 :战略不仅仅是行动之前的计划,还可以在特定的环境下成为行动过程中的手段和策略,一种在竞争博弈中威胁和战胜竞争对手的工具。

(3)战略是一种模式:战略可以体现为企业一系列的具体行动和现实结果,而不仅仅是行动前的计划或手段,即无论企业是否事先制定了战略,只要有具体的经营行为,就有事实上的战略。

(4)战略是一种定位:战略是一个组织在其所处环境中的位置,对企业而言就是确定自己在市场中的位置。企业战略涉及的领域很广,可以包括产品生产过程、顾客与市场、企业的社会责任与自我利益等任何经营活动及行为。但最重要的是,制定战略时应充分考虑到外部环境,尤其是行业竞争结构对企业行为和效益的影响,确定自己在行业中的地位和达到该地位所应采取的各种措施。把战略看成一种定位就是要通过正确地配置企业资源,形成有力的竞争优势。

(5)战略是一种观念:战略表达了企业对客观世界固有的认知方式,体现了企业对环境的价值取向和组织中人们对客观世界固有的看法,进而反映了企业战略决策者的价值观念。

二、企业战略的类型

企业战略的类型包括:稳定型战略、发展型战略、收缩型战略、混合型战略、成本领先战略、差异化战略和集中化战略。

1. 稳定型战略

稳定型战略(stability strategy)又称防御型战略,是指在企业的内外部环境的约束下,企业准备在战略规划期使企业的资源分配和经营状况保持在目前状态和水平上的战略。

稳定型战略的优点有:第一,企业的经营风险相对较小;第二,能避免因改变战略而导致的资源分配的困难;第三,能避免因发展过快而导致的弊端;第四,能给企业一个较好的休整期。

稳定型战略也有不少缺点:第一,若企业的经营环境发生了较大的变化,就会打破战略目标、外部环境、企业实力之间的平衡,稳定型战略失去了其生存的基础,使企业陷入困境;第二,同类企业会在特定市场上采用竞争战略,如果将资源重点配置在这几个细分市场上,会使企业更加被动;第三,稳定型战略也会使企业的风险意识减弱,甚至形成害怕风险、回避风险的企业文化。

2. 发展型战略

发展型战略(growth strategies)又称扩张型战略,是一种企业在现有战略水平上向更高一级目标发展的战略。它以发展作为自己的核心导向,引导企业不断开发新产品、开拓新市场、采用新的管理方式和生产方式,扩大企业的产销规模,增强其竞争力。

发展型战略的优点有:第一,企业可以通过发展扩大自身价值;第二,企业能通过不断变革来创造更高的生产经营效率与效益;第三,发展型战略能保持企业的竞争实力,实现特定的竞争优势。

发展型战略的缺点有:第一,在采用发展型战略获得初期的效果后,很可能导致盲目的发展和为了发展而发展,从而破坏企业的资源平衡;第二,过快的发展很可能降低企业的综合素质,使企业的应变能力表面上显示不错,而实质上却出现内部危机和混乱;第三,发展型战略往往会出现忽视产品的服务或质量的问题。

3. 收缩型战略

收缩型战略(retrenchment strategy)又称退却型战略,是指企业从目前的战略经营领域和基础水平收缩和撤退,且偏离起点战略较大的一种经营战略。收缩型战略具有短期性,是一种过渡战略,为今后发展积蓄力量。

收缩型战略的优点有:第一,能帮助企业在外部环境恶劣的情况下,通过节约开支和费用,顺利度过其所面临的不利境况;第二,在企业经营不善的情况下最大限度地降低损失;第三,能帮助企业更好地实行资产的最优组合。

收缩型战略的缺点有:第一,实行收缩型战略的尺度较难以把握。如果盲目地使用收缩型战略的话,缩减产量、投资的规模,可能会扼杀具有发展前途的业务和市场,使企业的总体利益受到损伤;第二,实施收缩型战略会引起企业内外部人员的不满,从而引起员工情绪低落,因为实施收缩型战略常常意味着不同程度的裁员和减薪,而且实施收缩型战略在某些管理人员看来意味着工作的失败和不利。

4. 混合型战略

混合型战略(combination strategy)是稳定型战略、发展型战略和收缩型战略的组合。一般适用于较大规模的企业或者产品系列较多的企业,市场区域比较宽泛的企业及技术进步较快的企业。实力有限的企业可能也会采用混合型战略,一边致力于业务和业绩的快速增长,一边可能会做一些战略铺垫,为将来打好基础。企业处于不同的发展时期,适当采用不同的战略模式,如从企业初创时期到壮大的各个阶段,采用"发展—稳定—发展—稳定—收缩调整—发展—稳定"的混合战略组合。

5. 成本领先战略

成本领先战略(overall cost leadership)又称低成本战略,当成本领先的企业的价格相当于或低于其竞争厂商时,它的低成本地位就会转化为高收益。成本领先战略的适用条件:市场需求具有较大的价格弹性;所处行业的企业大多生产标准化产品,价格因素决定了企业的市场地位;实现产品差异化的途径很少;多数客户以相同的方式使用产品;用户购买从一个销售商改变为另外一个销售商时,转换成本很小,因而倾向于购买价格最优惠的产品。成本领先战略的优势包括:可以抵御竞争对手的进攻;具有较强的对供应商的议价能力;形成了进入壁垒。

6. 差异化战略

差异化战略(differentiation strategy)又称差别化战略,是将公司提供的产品或服务差异化,在全产业范围形成独特性。这可以通过设计或品牌形象、技术特点、外观特点、客户服务、经销网络及其他方面的独特性等多种方式实现差异化战略。

产品差异化带来较高的收益,可以用来对付供方压力,同时可以缓解买方压力。当客户缺乏选择余地时其价格敏感性也就不高。采取差异化战略而赢得顾客忠诚的公司,在面对替代品威胁时,其所处地位比其他竞争对手也更为有利。但是,采取差异化战略也存在一定风险:竞争者可能模仿,使得差异消失;保持产品的差异化往往以高成本为代价;产品和服务差异对消费者来说失去了意义;与竞争对手的成本差距过大;企业要想取得产品差异,有时要放弃获得较高市场占有率的目标。

7. 集中化战略

集中化战略(market focus/focus strategy)又称专一化战略,是指将企业的经营活动集中于某一特定的购买群体、产品线的某一部分或某一地域性市场,通过为这个小市场的购买者提供比竞争对手更好、更有效的服务来建立竞争优势的一种战略。集中化战略同成本领先战略、差异化战略的区别在于集中化战略的注意力集中于整体市场的一个狭窄部分,其他战略则以广大市场为目标。实施集中化战略的风险包括:竞争者可能模仿;目标市场由于技术创新、替代品出现等原因而需求下降;由于目标细分市场与其他细分市场的差异过小,大量竞争者涌入细分市场;新进入者重新细分市场。

三、企业战略分析方法

1. 波士顿矩阵分析法

波士顿矩阵分析法是由美国波士顿咨询公司(Boston Consulting Group)发明的一种被广泛运用的业务组合分析方法,如图 3-1 所示。

矩阵中纵向坐标代表市场需求增长率,横向坐标代表市场占有率。由此区分出四种业务组合。

(1)明星类业务。

这种类型的企业具有高需求增长率和高市场占有率,这个领域中的产品处于快速增长的市场中,企业需要加大投资以支持其迅速发展。因此,明星类业务要发展成为金牛类业务适合采用发展型战略。

(2)金牛类业务。

这种类型的企业具有低需求增长率和高市场占有率,处在这个领域中的产品产生大量的现金,但未来的增长前景有限。企业对实力不同的

图 3-1 波士顿矩阵

金牛型业务应采取不同的战略:对产品市场进入衰退期的金牛业务,企业可采用榨油式方法,在尽量短的时间里多获取收益,最终推出该项业务;对于刚进入产品市场成熟期的金牛业务,企业可采取稳定型战略,以利用其提供的资源发展其他业务。

（3）瘦狗类业务。

这种类型的企业具有低需求增长率和低市场占有率。这个领域中的产品利润率低、处于保本或亏损状态，负债比率高，无法为企业带来收益。瘦狗类业务适合采用收缩型战略，通过出售或清算业务，把资源转移到其他产品。

（4）问题类业务。

这种类型的企业具有高需求增长率和低市场占有率。处在这个领域的产品需求量很大，但占有的市场份额很小，导致利润率较低，所需资金不足，负债比率高。因此，对符合企业长期发展目标的问题类业务，可采用发展型战略，促使其成为明星类业务。对其他的问题类业务，企业有必要采取收缩型战略或退出这些产品领域，重新分配资源以形成更有效的业务组合。

2. SWOT 分析法

SWOT 最早是由美国旧金山大学韦里克教授于 20 世纪 80 年代初提出的。所谓 SWOT 分析法，是指一种综合考虑企业内部条件和外部环境的各种因素，进行系统评价，从而选择最佳经营战略的方法。这里 S 是指企业内部的优势（strengths），W 是指企业内部的劣势（weaknesses），O 是指企业外部环境的机会（opportunities），T 是指企业外部环境的威胁（threats），也可以称为 SO 战略、WO 战略、ST 战略和 WT 战略，见表 3-1。SWOT 分析的指导思想就是在全面把握企业内部优、劣势与外部环境的机会和威胁的基础上，制定符合企业未来发展的战略，发挥优势，克服不足，利用机会，化解威胁。

表 3-1 SWOT 分析图

内部分析　外部分析	优势 S 列出优势	劣势 W 列出劣势
机会 O 列出机会	SO 战略 发挥优势、利用机会	WO 战略 克服劣势、利用机会
威胁 T 列出威胁	ST 战略 利用优势、回避威胁	WT 战略 减少劣势、回避威胁

ERP 沙盘模拟经营中，各组将面临本地、区域、国内、亚洲和国际 5 个市场，4 种产品（Beryl、Crystal、Ruby、Sapphire）。5 个市场上的需求量又各有差异，并且对产品的质量要求也不同，有的需要 ISO 9000 认证，有的需要 ISO 14000 认证。这些变数对各组既是机遇，也是挑战。这就需要在充分考虑竞争对手战略的基础上，对市场状况做出实时的调整。确定企业要进入的市场、要研发的产品。市场是充满变数的，各组只有充分分析市场状况，采用灵活机动的战术，才有可能赢得优势。

3. 波特五力分析模型

波特五力分析模型（Michael Porter's Five Forces Model）又称波特竞争力模型，是由迈克尔·波特（Michael Porter）提出，对企业战略制定产生了全球性的深远影响。它用于竞争战略的分析，可以有效地分析客户的竞争环境。"五力"分别是：供应者的讨价还价能力、购买者的讨价还价能力、潜在竞争者进入的能力、替代品的替代能力、行业内竞争者现在的竞争能力，如图 3-2 所示。

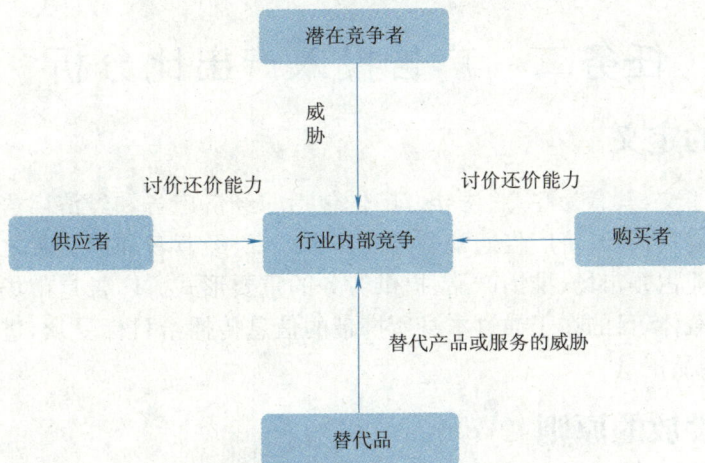

图 3-2　波特五力模型

根据波特的五种竞争力量构成的威胁,企业可以采取尽可能地将自身的经营与竞争力量隔绝开来、努力从自身利益需要出发影响行业竞争规则、先占领有利的市场地位再发起进攻性竞争行动等手段来对付五种竞争力量,以增强自己的市场地位和竞争实力。表 3-2 列出了波特五力模型与一般战略的关系。

表 3-2　波特五力模型与一般战略的关系

波特五力模型与一般战略的关系			
行业内五种力量	一般战略		
	成本领先战略	产品差异化战略	集中战略
进入障碍	具备杀价能力以阻止潜在对手的进入	培育顾客忠诚度以挫伤潜在入者的信心	通过集中战略建立核心能力以阻止潜在对手的进入
买方侃价能力	具备向买家出更低价格的能力	因为选择范围小而削弱了大买家的谈判能力	因为没有选择范围使大买家丧失谈判能力
供方侃价能力	更好地抑制大卖家的侃价能力	更好地将供方的涨价部分转嫁给买方	进货最低供方的侃价能力就高,但集中差异化的公司能更好地将供方的涨价部分转嫁出去
替代品的威胁	能够利用低价抑制替代品	买方习惯于一种独特的产品或服务因而降低了替代品的威胁	特殊的产品和核心能力能够防止替代品的威胁
行业内的竞争	能更好地进行价格竞争	品牌忠诚度能使顾客不理睬你的竞争对手	竞争对手无法满足集中差异化买方的需求

在 ERP 沙盘模拟经营中,各组可从三种战略中选择一种作为其主导战略。若选择总成本领先战略,就要有效地节流,如合理的广告投入、建设合适的生产线、合理的借贷,使自己的总成本低于同类企业;若选择差异化战略,无论开拓市场还是研发产品要开源,能做到"别人没有的我有,大家都有的我是最好的";若选择集中战略,则要根据市场竞争和产品价格走势,以某种产品为重点,加大产能,缩短交货期,使该产品在一个或多个市场上形成优势。

任务二　广告投入产出比分析

一、广告的定义

广告，源于拉丁文，其意为注意、诱导。广告包括非经济广告和经济广告。非经济广告指不以盈利为目的的广告。经济广告通常是指商品生产者、经营者和消费者之间以盈利为目的的沟通手段，或企业占领市场、推销产品、提供劳务的重要形式。广告是市场营销策略中的一部分，作为信息的载体，目的在于通过本身所携带的信息传播给目标受众，进而扩大企业曝光度、知名度，提高产品销量。

二、广告投放的原则

企业在制订广告策略时，主要解决在哪些市场投放广告以及广告费多少的问题。科学合理的广告投放可以使企业拿到满意的订单而不造成资金的浪费，提高广告收益率，提高资金的使用效率。相反，错误或不当的广告策略不仅会造成资金的浪费，还可能使企业不能拿到满意的订单而造成产品积压，降低当年的收入，影响当年的现金流量。所以企业在制定广告策略时，应当遵循以下原则。

1. 稳健性原则

在认真分析市场的情况下，有目标地投放广告费，避免由于盲目投放广告而造成资金的浪费。广告的投放必须以市场预测为依据。广告投放得过多，容易造成资金的浪费，而选取的订单如果超过了企业的生产能力，将导致不能按期交货或不得不通过紧急采购产品来交货，这都会增加企业的成本，影响经营业绩；广告投放得过少，则不能在激烈的竞争中有效获取订单，造成产品积压，资金占用加大，同样不能获取期望收益。

2. 资产性原则

企业在投放广告费时应尽可能使投放的广告产生效益，而且是最大的收益。从理论上讲，广告费用投放越多，选单的机会就越多。但企业的资金是有限的，广告费用会导致企业的成本增加，因此，在制订广告策略时，尽可能使广告投入收益最大化。

3. 全面性原则

企业在制定广告策略时，应充分考虑影响产品销售的各种因素。明确当年企业的产能，对每种产品在各个市场上的需求量和供给量进行预测，尽量收集与广告方案制定有关的数据，使广告的制定建立在科学预测的基础上。

4. 争取市场领导地位原则

合理的广告投放范围内，企业尽量争取取得市场领导者地位。如果资金充足，企业应该考虑在市场需求大、价格高的市场上多投放一些广告费，力争能在这些市场上获得优先选单的机会，选择价格高、数量多的订单。

三、广告投入产出比分析

在 ERP 沙盘模拟经营中，并不是广告投入越高，利润就越高，广告投入必须权衡企业的现金、产能和市场竞争等复杂因素。广告费用是企业的一项支出，要实现利润最大化，就得考虑广告的效益，一般可用投入产出比来分析不同企业广告效益的高低，计算公式为：

广告投入产出比＝订单销售额/广告投入

通过广告投入产出比分析，可以知道企业每 1 M 的广告费用支出可以带来多大的销售收入，比值越高，说明企业的广告效益就越好。

图 3-3 展示了 6 组企业第三年的广告投入产出比的数据图。通过计算各组企业第 3 年广告投入产出比的数值并经过分析比较，可以看出 F 组的广告效益最好，达到 13，也就是说 F 组投入 1 M 广告费，就拿到了 13 M 的销售订单；而 D 组的广告效益最低，只有 4.71，也就是说 D 组投入 1 M 广告费，只拿到 4.71 M 的销售订单。其他小组的广告投入产出比分别为：A 组 5，B 组 8，C 组 6.67，E 组 5.67。

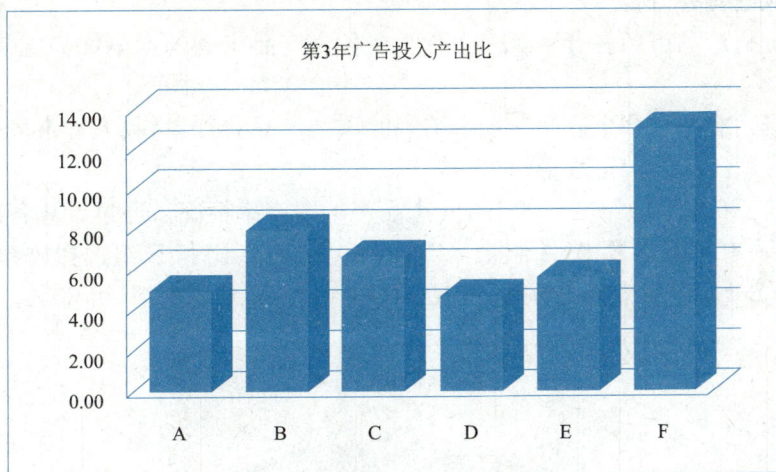

图 3-3　第 3 年广告投入产出比数据图

任务三　市场占有率分析

一、市场占有率定义

市场占有率一般指市场份额，指一个企业的销售量或销售额在市场同类产品中所占的比重，体现了企业对市场的控制能力。市场占有率一般分为上线、中线和下线。不同市场占有率的意义如下。

（1）市场占有率≥74%，企业处于完全垄断位置，整个市场相对稳定。达到上线的企业一般不会争夺其他市场，因为剩下市场中的顾客一般是其他企业的忠实顾客，通常难以争取。

（2）26%≤市场占有率<74%，即市场占有率的中线，那么企业就可以从竞争中脱颖而出并处于优势地位。因此，该值表示企业处于相对安全的状态而且处于业界的领先地位。

（3）市场占有率<26%，即市场占有率的下线，那么企业则很容易受到攻击。

二、市场占有率分析方法

市场占有率反映了企业的市场经营比重状况，是企业参与市场竞争份额的一种体现，是微观经济和宏观经济进行比较分析的结果。通过市场占有率分析，可以衡量企业现有资金的利用情况,分析企业生产经营发展的潜力,是对企业生产管理水平高低的衡量。更重要的是,通过分析并预测企业市场占有率的发展趋势和影响进行调节,可以保持企业的市场竞争优势。以下通过总体市场占有率和产品市场占率进行分析比较。

1. 总体市场占有率

总体市场占有率是指企业在市场上全部产品的销售数量(收入)与该市场全部产品的销售数量(收入)之比。计算公式为:

某市场某企业的综合市场占有率=该企业在该市场上全部产品的销售数量(收入)/全部企业在该市场上各类产品总销售数量(收入)×100%

2. 产品市场占有率分析

通过计算分析产品市场占有率以确立企业在各个产品市场的竞争优势也是非常必要的,计算公式为:

某产品市场占有率=该企业在市场中销售的该类产品总数量(收入)/市场中该类产品总销售数量(收入)×100%

图 3-4 展示了 6 组企业第 3 年的 Beryl 产品市场占有率情况。通过计算各组企业第 3 年 Beryl 产品市场占有率可以看出,A 组最高,达到 40%,而 C 组和 D 组选择放弃了 Beryl 产品市场,其他组的 Beryl 产品市场占有率分别是:B 组 13%,E 组 27%,F 组 20%。

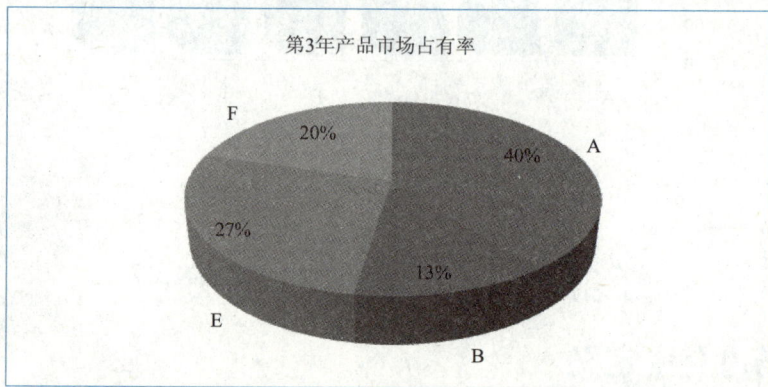

图 3-4　Beryl 产品市场占有率数据图

任务四　企业经营管理效率分析

分析企业的经营管理效率,是判定企业能否创造更多利润的一种手段。如果企业的经营管理效率不高,那么企业的高利润状态是难以持久的。企业经营管理效率主要体现在两个方面:资产管理水平和盈利能力水平。

一、分析企业的资产管理水平

资产是企业生产经营活动的经济资源,资产的管理水平直接影响到企业的收益,它体现了企业的整体素质。资产管理比率又称运营效率比率,是用来衡量企业在资产管理方面效率的财务比率。资产管理比率包括:存货周转率、应收账款周转率和资产周转率等。

1. 存货周转率

存货周转率是衡量和评价企业购入存货、投入生产、销售收回等各管理状况的综合指标。存货周转率指标的好坏反映存货管理水平,它不仅影响企业的短期偿债能力,也是整个企业管理的重要内容。它是一定时期的销货成本除以平均存货而得的比率,又称存货周转次数。计算公式是:

$$存货周转率＝产品销售成本/[(期初存货＋期末存货)/2]$$

一般来讲,存货周转率速度越快,存货的占有水平越低,流动性越强,存货转化为现金、应收账款的速度越快。在 ERP 沙盘模拟经营的起始年,销售成本为 12 M,存货的期初数(取原材料、产成品和在制品的期初数)为 14 M,期末数为 12 M,存货周转率等于 92.30％,存货周转天数＝365 天/92.30％＝395.45 天。反映出企业起始年存货的周转速度很慢。原因有两方面:第一,共 4 条生产线,其中 3 条为手工生产线,而手工生产线的完工时间很长,需要三个季度;第二,初期的订单量少,只有拿到足够的订单才能让产成品转化为应收账款或者现金。

2. 应收账款周转率

应收账款周转率是反映应收账款周转速度的指标,也就是年度内应收账款转为现金的平均次数,它说明应收账款流动的速度。其计算公式为:

$$应收账款周转率＝销售收入/[(期初应收账款＋期末应收账款)/2]$$

一般来说,应收账款周转率越高,说明应收账款的收回越快,可以减小坏账损失,而且资产的流动性强,企业的短期偿债能力也会增强,在一定程度上可以弥补流动比率低的不利影响。相反,应收账款周转率越低。在 ERP 沙盘模拟经营的起始年,销售收入为 36 M,应收账款的期初数为 14 M。期末数为 0,应收账款周转率等于 5.1429,应收账款的周转天数＝365 天/5.142 9＝70.97 天。在使用该指标进行分析时,要结合企业前期指标、行业平均水平及其他类似企业的指标相比较,判断该指标的高低,并对企业作出评价。

3. 资产周转率

资产周转率也称资产利用率,是企业销售收入与企业平均资产总额的比率。其计算公式为:

$$资产周转率＝销售收入/[(期初资产总额＋期末资产总额)/2]$$

该项指标反映资产总额的周转速度。周转越快,反映销售能力越强。在 ERP 沙盘模拟经营的起始年,销售收入为 36 M,资产总计的期初数为 104 M,期末数为 90 M,资产周转率等于 37.11％。该数据反映出企业总资产的周转速度很慢,原因在于企业经营起始年,市场开拓、产品研发以及生产能力等都处于投入期,企业的销售量很低,从而造成总资产周转率低是符合企业的生命周期规律的,但如果企业在以后的经营中该指标没有得到改善的话,企业的经营状况必然会恶化。

二、分析企业的盈利能力水平

盈利能力是指企业赚取利润的能力。盈利是企业的重要经营指标,也反映了企业的综合素质。它不仅关系到企业所有者的利益,也是企业偿还债务的一项重要来源。因此,企业的债权人、所有者以及管理者都十分关心企业的盈利能力。盈利能力分析是企业经营管理效率分析的重要组成部分,也是评价企业经营管理水平的重要依据。反映企业盈利能力的指标主要有:销售净利率、资产净利率、净资产收益率。

1. 销售净利率

销售净利率是净利润与销售收入的百分比。其计算公式为：

$$销售净利率 = (净利润/销售收入) \times 100\%$$

销售净利率反映了每 100 元销售额所带来的净利润。在 ERP 沙盘模拟经营的起始年，销售收入为 36 M，净利润为 6 M，销售净利率等于 16.67%。

2. 资产净利率

资产净利率也称为资产报酬率，是企业净利润与平均资产总额的百分比。计算公式为：

$$资产净利率 = (净利润/平均资产总额) \times 100\%$$

资产净利率反映的是企业资产利用的综合效果。该指标越高，表明资产的利用效率越高，说明企业在增加收入和节约资金方面取得了良好的效果。资产净利率是一个综合指标，企业的资产是由投资人投入或举债形成的。在 ERP 沙盘模拟经营的起始年，净利润为 6 M，资产总计的期初数为 104 M，期末数为 90 M，资产净利率等于 6.19%。影响资产净利率的因素主要有产品的价格、单位成本的高低、产品的质量和销售数量、资金占用量的大小等。

3. 净资产收益率

净资产收益率也称为股东权益报酬率，是净利润与平均股东权益总额的百分比。其计算公式为：

$$净资产收益率 = (净利润/平均股东权益总额) \times 100\%$$

净资产收益率反映的是公司所有者权益的投资报酬率。在 ERP 沙盘模拟经营的起始年度，净利润为 6 M，所有者权益合计的期初数为 81 M，期末数为 87 M，净资产收益率等于 7.14%。

提高净资产收益率一般有两种途径：一是企业通过增收节支，提高资产利用效率，来提高资产收益率；二是在资产收益率大于负债利息率的情况下，提高资产负债率，来提高股东权益报酬率。但是，第一种途径不会增加企业的财务风险，而第二种途径会导致企业的财务风险加大。

任务五　企业成本分析

一、企业成本的构成

成本是指企业在日常活动中发生的，会导致所有者权益减少的经济利益的总流出。成本按其与产品的关系不同，分为生产成本和综合管理费用两类。

(1)生产成本，是指在产品制造过程中所发生的，与产品直接或间接相关的各项资源消耗，包括直接材料、直接人工和制造费用三项。直接材料和直接人工在产品销售后直接计入主营业务成本。而制造费用在产品销售后按比例分配计入主营业务成本。

(2)综合管理费用，是指与产品生产过程没有联系的非生产性成本耗费。在 ERP 模拟经营中，综合管理费用主要包括：广告费、转产费、产品研发、行政管理费、维修费、租金、市场开发、ISO 认证等。

二、成本分析的方法

成本分析是指利用相关资料及成本核算方法分析成本的构成以及成本变动的情况。通过

成本分析可以查明并分析影响企业成本变动的具体原因，从而编制成本计划并制定经营决策。进行成本分析的主要方法有比例分析法和趋势分析法。

1. 比例分析法

比例分析法是指用两个以上的指标的比例进行分析的方法。通过计算各项成本占销售的比例，了解每项成本在总体成本中所占的比例，从比例较高的支出项入手，分析发生的原因，提出有效的成本控制策略。计算公式为：

$$各项成本比例＝各项成本/销售收入$$

在 ERP 模拟经营起始年，销售收入 36 M，生产成本 12 M，广告费用 1 M，行政管理费 4 M，维修费 4 M，其他费用为零。各项成本比例分析如图 3-5 所示。

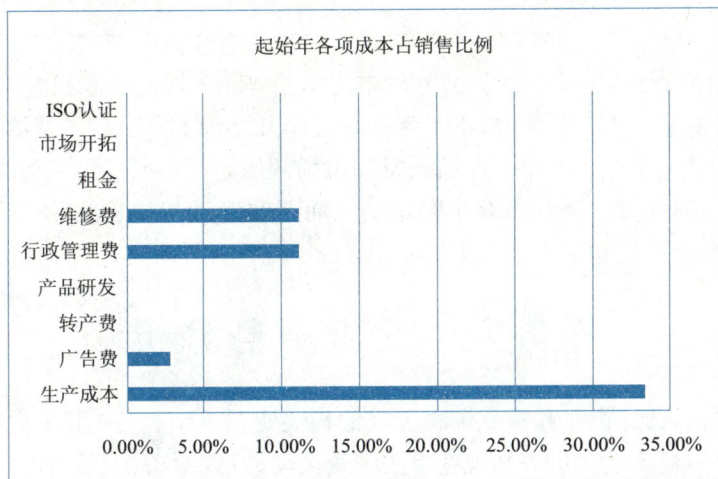

图 3-5　成本分析图

从图 3-5 中看出，企业在起始年模拟经营中，由于生产线落后，销售额有限，导致生产成本占近 1/3 的比例。维修费和行政管理费所占比例相同，各为 11.11%。而广告费的比例仅为 2.78%，原因有二：一是起始年经营战略较保守；二是产品单一，无法拿到理想订单，增加销售额。其他成本的比例则为零。通过成本分析后说明企业在下一年的模拟经营中需做好广告策略，节省开支，做好投资决策和财务预算。

2. 趋势分析法

趋势分析法是指将一段时期内同类指标进行对比分析。通过成本变化趋势发现企业经营过程中的问题。企业经营是持续性的活动，由于资源的消耗和补充是缓慢进行的，所以单从某一时间点上很难评价一个企业经营的好坏。比如，广告费用占销售的比例，单以一个时点来评价，无法评价好坏。但在一段时间内，各项成本比例的走高走低能够说明企业各个时期经营环境的变化，见表 3-3。

表 3-3　企业各项成本比例表

成本比例（%）	起始年	第 1 年	第 2 年	第 3 年
生产成本	57.14%	18.75%	31.11%	60.71%
广告费	4.76%	12.50%	26.67%	17.86%

续表

成本比例（%）	起始年	第 1 年	第 2 年	第 3 年
转产费	0.00%	0.00%	0.00%	0.00%
产品研发	0.00%	37.50%	8.89%	0.00%
行政管理费	19.05%	12.50%	8.89%	7.14%
维修费	19.05%	9.38%	15.56%	10.71%
租金	0.00%	0.00%	0.00%	0.00%
市场开拓	0.00%	9.37%	4.44%	1.79%
ISO 认证	0.00%	0.00%	4.44%	1.79%

从表 3-3 中可以看出,企业前四年的各成本比率趋势除了转产费和租金两项,其他项均有很大变化,生产成本第一年有所下降,第二年和第三年又逐步上升。广告费第一年及第二年比例大幅增长,到了第三年趋向平稳。产品研发和市场开拓比例在第一年大跨步增长,之后趋向合理。ISO 认证比例从第二年开始有小幅增长。而行政管理费比例在第三年时实现大幅降低。这些数据证明企业运营走上了正常的轨道。

任务六 企业财务分析

财务分析是指以会计核算和报表资料及其他相关资料为依据,采用一系列专门的分析技术和方法,对企业等经济组织过去和现在有关筹资活动、投资活动、经营活动、分配活动的盈利能力、营运能力、偿债能力和增长能力状况等进行分析与评价的经济管理活动。财务分析的方法很多,最常用的是运用比率、趋势、结构和因素等方法的多指标分析。以下介绍的财务分析指标包括偿债能力指标和杜邦财务分析指标。

一、偿债能力指标

偿债能力是指企业偿还负债的能力。通常评价企业短期偿债能力的财务指标主要有流动比率、速动比率,评价长期偿债能力的财务指标包括资产负债率、股东权益率和权益乘数。

1. 流动比率

流动比率是指企业流动资产与流动负债的比率。其计算公式为:

$$流动比率＝流动资产/流动负债$$

在 ERP 沙盘中,流动资产主要包括现金、应收款项、原材料、产成品和在制品。流动负债包括短期负债、应付账款、应交税金和 1 年内即将到期的长期负债。以起始年为例,流动资产为 43 M,流动负债为 3 M,流动比率等于 14.33。

一般来说这个比率越高,企业偿还负债的能力越强,但是过高的流动比率并非好现象,因为流动比率过高,可能是企业滞留在流动资产上的资金未能有效地加以利用,可能会影响企业的获利能力。流动比率为 2 左右比较合适。起始年的流动比率明显过高,企业应适当调整资金结构。

2. 速动比率

速运比率也称酸性测试比率,是指从流动资产中扣除存货部分,再除以流动负债的比值。计算公式为:

$$速动比率＝(流动资产－存货)/流动负债$$

在 ERP 沙盘中,存货包括原材料、产成品和在制品。计算速动比率时扣除存货的主要原因有:①存货的变现能力最差;②部分存货可能已经损失报废还没处理;③部分存货已经抵押给债权人;④存货估价还存在着成本和合理市价相差悬殊的问题。以起始年为例,速动比率等于10.33。一般来说速动比率为 1 时比较合适,低于 1 被认为是偿债能力较低。企业起始年的偿债能力较强。

3. 资产负债率

资产负债率是平均负债总额除以平均资产总额的百分比,它反映在资产总额中有多大比例是通过借债来筹资的,也可以衡量企业在清算时保护债权人利益的程度。其计算公式为:

$$资产负债率＝平均负债总额/平均资产总额×100\%$$

在 ERP 模拟经营起始年期末,负债合计期初数是 23 M,负债合计期末数是 3 M,资产总计期初数是 104 M,期末数是 90 M,资产负债率为 13.4%。说明资产总额中有 13.4% 来源于举债,或者说企业每 13.4 元债务有 100 元资产作为偿还的后盾。

在财务分析中,资产负债率也被称作财务杠杆,不仅反映了企业的长期财务状况,也反映了企业管理层的进取精神。如果企业不利用举债经营或者负债比率很小,说明企业比较保守。而处于高速成长时期的企业,其负债比率会高一些。

4. 股东权益比率

股东权益比率是平均股东权益与平均资产总额的比率,该比率反映资产总额中有多少是股东投入的。其计算公式为:

$$股东权益比率＝平均股东权益总额/平均资产总额×100\%$$

在 ERP 沙盘中,起始年所有者权益合计期初数是 81 M,期末数为 87 M,资产总计期初数是104 M,期末数为 90 M。股东权益比率等于 86.6%。由上述公式可知,股东权益比率与资产负债率之和等于 1。因此,这两个比率从不同侧面反映企业长期偿债能力,股东权益比率越大,资产负债率越小,企业的财务风险就越小,偿还长期债务的能力就越强。

5. 权益乘数

股东权益比率的倒数称为权益乘数,即资产总额是股东权益的多少倍。其公式为:

$$权益乘数＝平均资产总额/平均股东权益总额$$

该乘数越大,说明股东投入的资本在资产总额中所占的比例越小。在 ERP 模拟经营中,权益乘数等于 1.155。

二、杜邦财务分析指标

杜邦分析法(DuPont Analysis)是利用几种主要的财务比率之间的关系来综合地分析企业的财务状况。具体来说,它是一种用来评价公司盈利能力和股东权益回报水平,从财务角度评价企业绩效的一种经典方法。由于这种分析方法最早由美国杜邦公司使用,故名杜邦分析法,如图 3-6 所示。

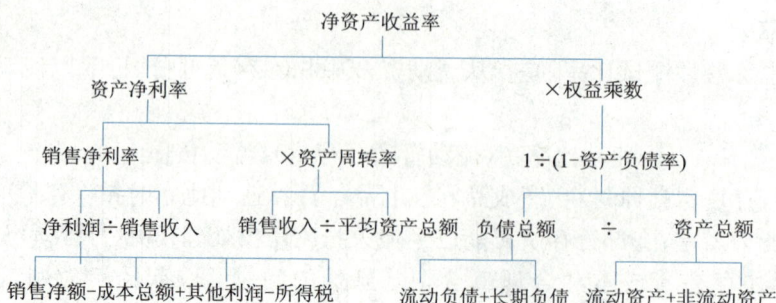

图 3-6　杜邦分析图

1. 杜邦体系中的指标关系

在杜邦体系中,包括以下四种主要的指标关系。

(1)净资产收益率是整个分析系统的起点和核心。该指标的高低反映了投资者的净资产获利能力的大小。净资产收益率由销售净利率、资产周转率和权益乘数决定。

(2)权益乘数表明了企业的负债程度。该指标越大,企业的负债程度越高,它是股东权益比率的倒数。

(3)资产净利率是销售净利率和资产周转率的乘积,是企业销售成果和资产运营的综合反映,要提高资产净利率,必须增加销售收入,降低资金占用额。

(4)资产周转率反映企业资产实现销售收入的综合能力。分析时,必须综合销售收入分析企业资产结构是否合理,即流动资产和长期资产的结构比率关系。同时还要分析流动资产周转率、存货周转率、应收账款周转率等有关资产使用效率指标,找出资产周转率高低变化的确切原因。

2. 杜邦分析法的步骤

(1)从权益报酬率开始,根据资产负债表和利润表逐步分解计算各指标。

(2)将计算出的指标填入杜邦分析图。

(3)逐步进行前后期对比分析,也可以进行企业间的横向对比分析。

(4)在 ERP 沙盘模拟经营的起始年末,根据起始年的资产负债表和利润表,采用杜邦分析法,把已计算出的各项指标标注在杜邦分析图上。

$$销售净利率=净利润/销售收入 \times 100\%=16.67\%$$
$$资产周转率=销售收入/平均资产总额 \times 100\%=37.11\%$$
$$资产净利率=销售净利率 \times 资产周转率 \times 100\%=6.19\%$$
$$权益乘数=1/(1-资产负债率)=1.155$$
$$净资产收益率=销售净利率 \times 资产周转率 \times 权益乘数 \times 100\%=7.14\%$$

任务七　目标市场预测与选择

一、目标市场的定义

目标市场是指企业期望并有能力占领和开拓,能为企业带来最佳营销机会与最大经济效益的具有大体相近需求、企业决定以相应商品和服务去满足其需求并为其服务的消费者群体。

著名的市场营销学者麦卡锡提出了应当把消费者看作一个特定的群体,称为目标市场。通过市场细分,有利于明确目标市场,通过市场营销策略的应用,有利于满足目标市场的需要。目标市场就是通过市场细分后,企业准备以相应的产品和服务满足其需要的一个或几个子市场。

二、目标市场预测

在 ERP 模拟经营中,市场细分为本地市场、区域市场、国内市场、亚洲市场和国际市场。起始年时,模拟企业仅拥有本地市场,产品只能在本地市场销售。产品包括 4 种:Beryl、Crystal、Ruby 和 Sapphire。起始年企业的主力产品仅有 Beryl。针对产品质量的认证体系包括 ISO 9000 和 ISO 14000。市场调研机构对未来 6 年里各细分市场的产品需求做出以下预测。

(1)本地市场。本地市场持续发展,对低端产品需求下滑,对高端产品的需求逐渐增大。客户对产品质量的意识不断提高。Beryl 是一个成熟的产品,在未来 3 年内本地市场上需求较大,但随着时间的推移,需求可能迅速下降。导致 Beryl 的单价逐年下滑,利润空间越来越小。Crystal 在本地市场的需求呈上升趋势。Ruby 和 Sapphire 的需求量不明确。不管哪种产品,未来可能会要求企业具有 ISO 认证资格。Ruby 和 Sapphire 随着产品的完善,价格会逐步提高。

(2)区域市场。区域市场的客户相对稳定,需求量相对本地市场来讲,容量不大,而且客户对资质的要求相对较严格,企业可能要求具备 ISO 资格认证才能接单。由于对企业的资格要求较严,竞争的激烈性相对较低,价格普遍比本地市场高。

(3)国内市场。Beryl、Crystal 的需求逐年上升,第 4 年达到顶峰,之后开始下滑。Ruby、Sapphire 需求预计呈上升趋势。同时客户的资质要求具备 ISO 9000 认证。与销售量相类似,Beryl、Crystal 的价格逐年上升,第 4 年达到顶峰,之后开始下滑。Ruby、Sapphire 单价逐年稳步上升。

(4)亚洲市场。所有产品几乎都供不应求。但该市场对新产品比较敏感,对 Crystal、Ruby 和 Sapphire 的需求量发展较快,价格不菲。而 Beryl 在亚洲市场的价格相对于本地市场来说,没有竞争力。此外,亚洲市场的客户更看重产品质量,没有 ISO 9000 和 ISO 14000 认证的产品难以销售。

(5)国际市场。对 Beryl 已经有所认同,因此 Beryl 的需求量非常大。而其他产品被很谨慎地接受,需求发展较慢,因此需求不甚明朗。在国际市场上,所有产品受各种因素影响,价格变动大,风险大。

三、目标市场选择

目标市场选择是指在市场细分的基础上,按照一定的标准,选择一个或者几个细分市场作为企业的目标市场,促使企业集中自身资源能力,在具有发展潜力并适合企业的细分市场上开展经营活动。企业选择目标市场应当是自己能够最大限度地创造顾客价值并使自己有利可图,且可以长期存在的细分市场。实力雄厚的企业可以选择多个细分市场,甚至全部市场;资源有限的小企业则更适合进入一个或少数特别的细分市场。以下介绍 5 种目标市场选择模式。

1. 产品-市场集中化

在产品-市场集中化模式下,企业为单一市场提供单一产品,是一种完全专业化模式,具有专业化生产技能,但受限于资金实力的小企业采用这种策略,往往可以取得良好的市场业绩。但这种产品-市场集中化覆盖模式,也需承担由于消费者偏好发生改变所导致的市场风险,因此企业需要在适当的时机开拓其他市场。

这一目标市场覆盖模式通常在 ERP 模拟经营的起始年运用。企业只拥有本地市场准入资格,只获得 Beryl 的生产资格。因此,企业的目标市场只有一个——本地 Beryl 市场。从第一年开始,随着市场的开拓和新产品研发工作的进行,企业目标市场的选择模式也将发现变化。

2. 市场集中化

市场集中化模式是指企业选择某一类市场为目标市场,并为这一市场生产开发所需要的各种产品。市场集中化模式可以帮助企业树立良好的专业化声誉,多产品经营在一定程度上也分散了市场风险。但对企业的生产能力、经营能力和资金实力提出了更高要求。小企业可以经由产品-市场集中化模式,向市场集中化模式发展,而实力强大的企业则可以一开始就选择这种市场集中化模式。

在 ERP 模拟经营中,采用此模式有两种情形:第一种是某企业获得某市场的老大资格,下一个经营年度其目标市场应集中在该市场,这样就可以用较少的广告投放费用获得尽可能多的市场订单,降低企业的成本;第二种情形是某企业领先开拓了未开发或较少竞争对手的市场,下一经营年度企业将目标市场集中于该市场,只需要投放较少的广告费,就能获得较多的订单,提高企业广告投入产出比,通过降低广告成本增加企业利润。

3. 产品集中化

产品集中化模式是指企业专门生产一类产品供应不同的顾客市场。产品集中化模式有利于企业创造专业生产和研发的优势。企业一般也可经由产品-市场集中化模式,向产品集中化模式拓展,具备条件的企业也可以从一开始就选择这种模式。

在 ERP 经营中,企业在 Beryl、Crystal、Ruby 和 Sapphire 这 4 种产品中进行选择,集中生产其中一种产品。企业通常在下列两种情形下使用这种模式:第一种情形是企业将长期发展目标确定为行业内某一产品的生产供应商,只为市场提供单一产品,做好单一产品的开发、生产和服务;第二种情形是企业在最初两年的发展中没有取得较好的经营业绩,企业资源尤其是财力资源不足以支撑企业大规模扩张。在生产规模不能持续扩张的情况下,企业将有限的生产能力集中到某一种产品的生产上,有利于广告费用的节约和订单争取,以实现较好的利润增长。选择产品集中化模式的企业必须在市场开拓上做较多的投资,使企业拥有多个市场的准入资格,这样才能保证企业生产规模适度扩张的情况下产品的顺利销售。

4. 选择性专业化

选择性专业化是指企业选择若干个符合市场细分原则的市场为目标市场,并为各个市场分别提供所需的产品。选择性专业化模式的最大优点是能够分散市场风险,但所选的细分市场间有可能缺乏内在的逻辑联系,属于非相关的多角化发展,很难获得规模经济,而且对单个市场的规模要求比较高,要求企业有很强的驾驭市场的能力。

ERP 模拟经营中,运用选择性专业化模式的企业通常在发展的最初几年里在产品研发和市场开拓方面做了较大的投资,企业拥有多种产品的生产资格和多个市场的准入资格,并且生产线进行了购建或转产,可以灵活地生产产品。在这种条件下,企业可以根据不同产品和不同市场上竞争强度及盈利能力,灵活地进行目标市场的组合,用较小的广告投放,获得足够数量

的订单,实现利润最大化。

5. 全面覆盖

全面覆盖是指企业选择所有的细分市场为目标市场,分别为这些市场提供不同的产品。选择全面覆盖模式的企业通常是行业的龙头企业。这类企业生产规模大,经济实力强,有全面覆盖的能力,也有全面覆盖的需求。

ERP 模拟经营中,企业在前几年的发展中取得非常好的经营业绩,有足够的资金进行生产线建设、市场开拓、ISO 资格认证等方面的投资,企业生产能力不断增长,能进入的市场也随着经营时间的推进而逐渐增加,例如,有些企业第 5 年年初就拥有 6～8 条高效率生产线(全自动生产线或柔性生产线)。企业运用全面覆盖模式时,广告投放的细分市场至少占全部市场的70%以上,企业生产全部四类产品,同时在本地市场、区域市场、国内市场、亚洲市场和国际市场上投放广告并取得订单。

项目小结

本章主要介绍了企业经营管理战略的理论知识及在 ERP 模拟经营中的实际运用。企业战略分析阐述了企业战略的基本含义、类型以及企业战略分析的 3 种方法;广告投入产出部分介绍了广告的涵义、广告投放的原则和广告投入产出比的分析方法;市场占有率部分阐述了定义,讨论了市场占有率的两种分析方法;企业经营管理效率部分重点分析了企业资产管理水平和盈利能力水平;企业成本部分介绍了企业成本的构成和分析方法;企业财务分析重点阐述了偿债能力指标和杜邦财务分析指标;目标市场预测与选择介绍了目标市场的定义,对各细分市场的产品做了预测,重点讨论了目标市场选择的 5 种模式。

项目四 体验ERP沙盘企业模拟对抗

职业能力目标

1. 学会根据企业运营规则,运用语言说明沙盘运营的任务。
2. 掌握手工沙盘的操作流程。
3. 掌握相关报表的填写方法。
4. 通过模拟对抗实战,掌握手工沙盘的操作方法。
5. 清楚成本与利润的关系,了解企业经营的本质。

典型工作任务

任务一　模拟企业概况
任务二　模拟对抗流程
任务三　ERP沙盘企业模拟对抗起始年
任务四　ERP沙盘企业模拟对抗第一年
任务五　ERP沙盘企业模拟对抗第二年
任务六　ERP沙盘企业模拟对抗第三年
任务七　ERP沙盘企业模拟对抗第四年
任务八　ERP沙盘企业模拟对抗第五年
任务九　ERP沙盘企业模拟对抗第六年
任务十　ERP沙盘企业模拟对抗第七年

　　整个企业实战经营实训共分为8个实训,其中第一个实训(起始年)由指导教师带领各个团队进行,主要是帮助大家熟悉一下企业经营各环节要求完成的各项工作和必须遵守的规则。在这一年中指导教师代理所有企业的CEO职权,指导各项工作,并代行市场和银行的各项职权。

　　此后七年的经营全部由各经营团队自己完成,各团队须拟定各自的企业战略规划,制订相

应的销售、生产、采购、财务及其他企业发展计划,并自主组织实施,同时还要协调自身与市场、自身与各竞争对手之间的各种关系。

在这七年的经营过程中,指导教师不直接参与任何一家企业的经营决策,而充当原材料市场中的供应商、产品市场中的客户、资本市场中的银行和高利贷者、流程控制中的监督者和财务报表的审计者,以及发生纠纷时的仲裁者等角色。

每一个经营年度结束,企业的管理者们都应该对自己所经营的企业进行一个全面的分析评价,总结成败,找出下一年的工作重心和发展方向。我们将在后面介绍一些常用的分析和决策的方法,指导教师将结合实训中的个案讲解如何运用这些方法,希望大家都能学会"用数字说话"。

全部年度的经营完成后,我们将对各个企业的经营成果做一个整体的评价,指导教师将提供一个量化的评价表。我们鼓励学员根据现场的案例进行解析,发现自身的问题并提出解决的方案,一方面可以更充分运用所学到的各种知识,另一方面可让大家感受一下如何将理论知识与实践相结合。

任务一 模拟企业概况

这个模拟企业是一家经营情况良好的本地企业,目前拥有一间厂房——新华厂房,建有三条手工生产线和一条半自动生产线,主力产品是 Beryl,全部产品只在本地市场销售,质量受到客户肯定。该产品的技术含量较低,市场竞争力不强,原管理层风格比较保守,在技术开发和市场开发方面投入比较少,倾向于保持现状。

然而根据权威市场咨询机构提供的市场预测信息,在未来几年,该企业的主力产品 Beryl 的市场需求量将持续下降,而且,企业目前主要销售的本地市场容量有限,缺乏成长性。市场上即将推出的 Crystal 产品是 Beryl 的技术改进版,虽然技术优势会带来一定的销售增长,但随着新兴技术出现,需求最终会下降。科研人员正在研发中的 Ruby 和 Sapphire 为全新技术产品,预计市场发展潜力很大。市场销售预测如图 4-1 所示。

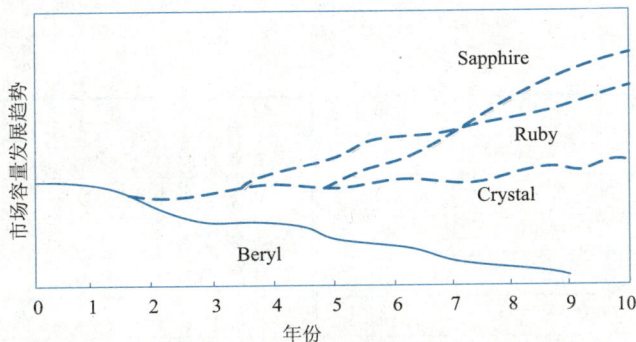

图 4-1 市场销售预测图

企业董事会认为,在日益变化的市场环境下,现有高层管理人员需要作调整,参加实训的各位被企业管理层选中组成未来几年的企业管理团队。

一、企业财务报表披露

下面通过两张关键的财务报表——资产负债表和利润表,简要介绍企业的财务状况。

　　资产负债表是根据资产、负债和所有者权益之间的相互关系,即"资产＝负债＋所有者权益"的恒等式,按照一定的分类标准和一定的次序,把企业特定日期的资产、负债、所有者权益三项会计要素所属项目予以适当排列,并对日常会计工作中形成的会计数据进行加工、整理后编制而成的,其主要目的是反映企业在某一特定日期的财务状况,见表 4-1。通过资产负债表,可以了解企业实际掌握的经济资源及其分布情况;了解企业的资本结构;分析、评价、预测企业的短期和长期偿债能力;正确评价企业的经营业绩。

表 4-1　资产负债表

年　　月　　日　　　　　　　　　　　　　　　　　　　　　　单位:百万元

资产	本期数	负债及所有者权益	本期数
流动资产:		负债:	
现金	24	短期负债	20
应收帐款	14	应付帐款	0
原材料	2	应交税金	3
产成品	6	长期负债	0
在制品	6		
流动资产合计	52	负债合计	23
固定资产:		所有者权益:	
土地建筑原价	40	股东资本	70
机器设备净值	12	以前年度利润	4
在建工程	0	当年净利润	7
固定资产合计	52	所有者权益合计	81
资产总计	104	负债及权益总计	104

　　注:为方便使用,我们简化了资产负债表的项目,同时只向大家提供需要的部分。

　　利润表用来反映收入与费用相抵后确定的企业经营成果的会计报表,它是企业经济效益的综合体现,见表 4-2。利润表的项目主要分收入和费用两大类。

表 4-2　利　润　表

单位:百万元

项　目	本年数	项　目	本年数
一、销售收入	40	三、营业利润	10
减:成本	17	加:营业外净收益	0
二、毛利	23	四、利润总额	10
减:综合费用	8	减:所得税	3
折旧	4	五、净利润	7
财务净损益	1		

　　注:为方便使用,我们简化了利润表的项目,同时只向大家提供需要的部分。

二、初始盘面的介绍

　　从资产负债表和利润表两张主要的财务报表上虽然可以大致了解企业的财务状况,但对一些细节我们还需要进一步说明,如贷款何时到期,应收账款何时回笼,在制品还需要几个生

产周期等。现在将在 ERP 沙盘上直观地展现企业所有经济资源的分布状况。

指导教师将参与课程的学员分成人数相等的 6 组,每组人数在 5~7 人之间为宜。各组分别坐在一组沙盘周围。各组为各自代表的模拟企业取一个名字,并提出各自企业的目标和精神,更可为自己的企业设计 logo(标志)。

各小组学员根据自己所掌握的知识和兴趣自荐或推荐,最终确定出各自企业的 CEO、财务总监、销售总监、采购总监、生产总监、研发总监等角色的担任者。根据人员情况可以加配助理,也可以让一个人兼任另外的岗位,具体根据人员的多少确定,人员岗位确定后将名单提交给指导教师。

指导教师引导学生按各自担任的角色坐到沙盘相应的区域。座位的安排如图 4-2 所示。

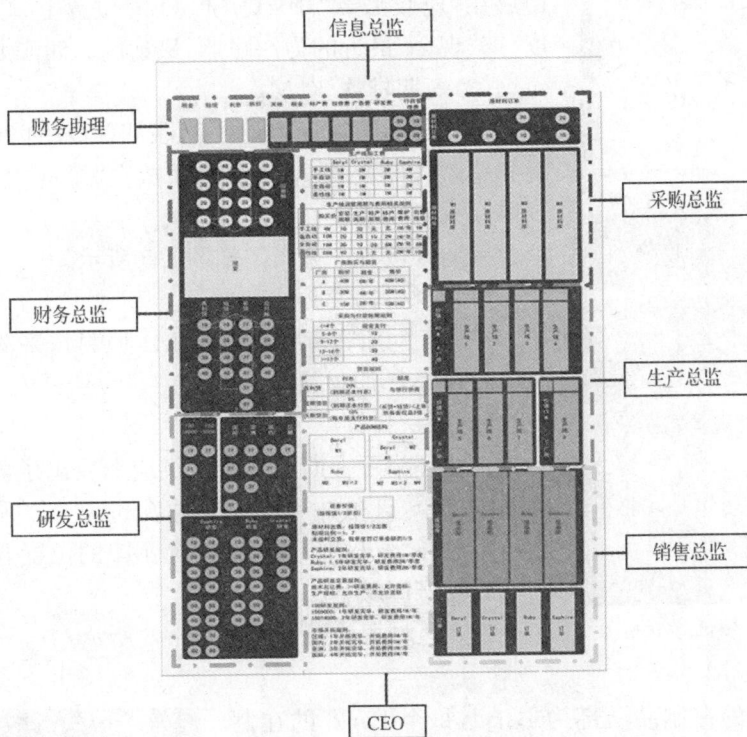

图 4-2　座位安排

现在提供四种颜色的模拟币如图 4-3 所示。

(1)灰色币——代表现金。一个灰色的模拟币代表 1 M (100 万元)现金。

(2)红色币——代表现金以外的资金,包括应收账款、应付账款,长期贷款、短期贷款和高利贷等。分别有 1 M (100 万元)和 10 M(1000 万元)两种。

(3)黄色币——代表各种原材料的订单。模拟币上标有 M1、M2、M3、M4 字样,一个黄色 M 模拟币代表价值为 100 万元的订单。

(4)蓝色币——代表各种原材料。模拟币上标有 M1、

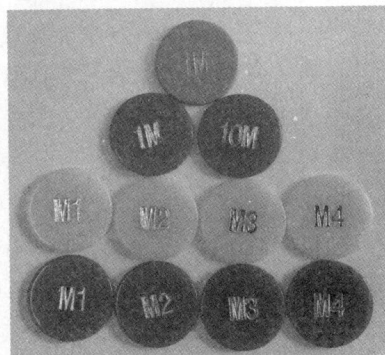

图 4-3　模拟币示意图

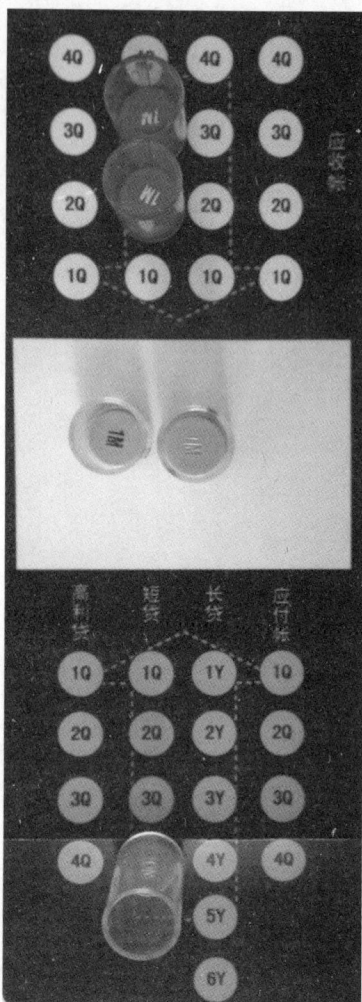

图 4-4 财务区域资产分布图

M2、M3、M4 字样,一个蓝色 M 模拟币代表价值为 100 万元的原材料。

1. 财务区域

财务区域资产分布图如图 4-4 所示。

(1)现金 24 M。

财务总监将 24 个灰色币放在"现金"内。

(2)应收账款 14 M。

应收账款是分账期的,现有的 14 M 应收账款分别是两账期的 7 M、三账期的 7 M。财务总监分别将 14 个 1 M 的红色币放在"应收账款"中 2Q 和 3Q 的位置上(账期的单位是季度,离"现金"最近的为一账期,最远的为四账期)。

(3)短期贷款 20 M。

企业目前向银行申请了四账期(4Q)的 20 M 短期贷款。财务总监将代表 20 M 的红色币放在"短贷"中 4Q 的位置上。

2. 采购区域

采购区域资产分布图如图 4-5 所示。

(1)原材料 2 M。

在 M1 的原料库中有两个 M1 原料。采购总监将两个蓝色币放在"M1 原材料库"中。

(2)原材料订单。

企业还为下一期的生产向供应商发出了两个 M1 的原材料采购订单,订单并不需要立即支付现金。采购总监将两个黄色币放在"原材料采购订单"中 M1 的位置上。

3. 生产区域

生产区域资产分布图如图 4-6 所示。

(1)在制品 6 M。

目前在生产的在制品全部为 Beryl,每个 Beryl 的在制品由 1 个 M1 原材料(蓝色币)和加工费 1 M(灰色币)表示,共有 3 个。第一条生产线(手工)上的在制品处于第一个生产期中,第二条生产线(手工)闲置,第三条生产线(手工)上的在制品处于第三个生产期中,第四条生产线(半自动)上的在制品处于第一个生产期中。生产总监将 3 个在制品摆放在相应的位置上。

(2)新华厂房 40 M。

企业目前拥有一个厂房——新华厂房,价值为 40 M。财务总监将 40 个灰色币放在新华厂房的左上角。

(3)机器设备价值 12 M。

企业目前有三条手工生产线和一条半自动生产线,扣

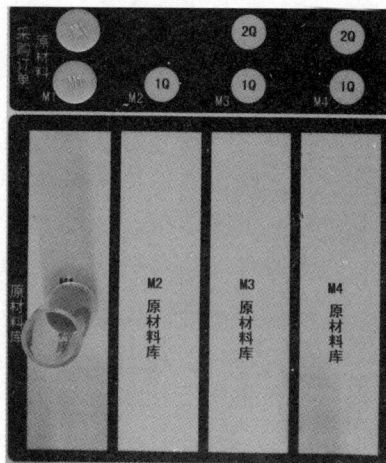

图 4-5 采购区域资产分布图

除折旧后,手工生产线每条价值 2 M,半自动生产线价值 6 M。财务总监分别将代表 2 M、2 M、2 M、6 M 的灰色币放在相应生产线的上方。

4.销售区域

销售区域资产分布图如图 4-7 所示。

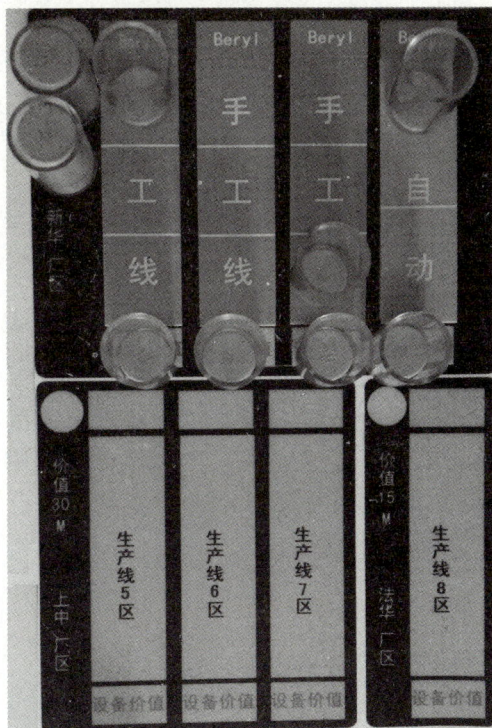

图 4-6　生产区域资产分布图　　　　图 4-7　销售区域资产分布图

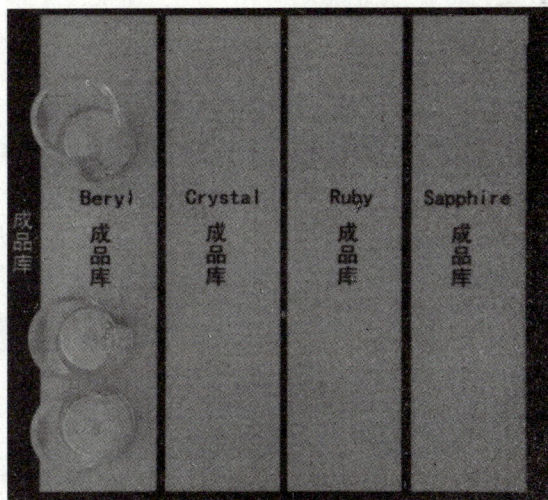

产成品 6 M。Beryl 的产品库中有三个成品,其中每个 Beryl 的成品由 1 个 M1 原材料和加工费 1 M 表示。生产总监将 3 个 M1 原材料蓝色币和 3 个灰色币分别放在 Beryl 的成品库中。

任务二　模拟对抗流程

一、年初阶段工作

"一年之计在于春",企业首先应当召集各位业务主管召开新年度规划会议,在初步制定企业本年度的投资规划的基础上,销售总监参加一年一度的产品订货会,支付一定数量的广告费,开始竞争本年度销售订单,随后,根据销售订单情况,调整企业本年度的投资计划,制订本年度的工作计划,开始本年度的各项工作。

1.支付应付税

依法纳税是每个企业应尽的义务。财务总监按照上年度利润表"所得税"项中的数值,取出相应的现金(灰色币)放在沙盘"税金"处,并在"现金流量表"中做好记录。计算公式为:

$$（税前利润＋前五年净利润之和）×33\%＝应付税金$$

2. 支付广告费

根据销售总监提供的"广告投入单"中所要求的费用,财务总监将广告费放置在沙盘"广告费"处,并在"现金流量表"中记录。本年度每组支付 1 M(灰色币)的广告费,以后各年度广告费的多少由各企业自行决定。

3. 参加订货会/登记销售单

企业支付了广告费即可取得参加订货会的资格。指导教师将各小组的"广告投入单"汇总后,召集各企业的销售总监参加一年一度的订货会。市场将按照综合广告效应、市场排名、竞争态势和市场需求等条件与各企业签订订单合同,如图 4-8 所示。

订单反映了下列信息:企业在起始年(Y0)的第三季度(Q3)需向本地市场(本地)的客户交 6 个 Beryl 产品,每个产品的单价为 6 M,总价合计 36 M,货款不是现金而是 1 个账期(1Q)的应收账款。这张订单就相当于订货合同,销售总监需要及时地进行"订单"表登记,订单中的市场、产品名称、货款账期、交货期、订单单价、订单编号、订单数量、单销售额都要逐一记入。

Beryl (Y0, 本地)
6×6 M=36 M
账期: 1Q 交货: Q3

图 4-8 起始年商品订单

有了订单,当年的销售任务已经明确,接下来的工作就要以订单为基础,结合对未来的市场观测,编制生产、采购、设备、产品研发、市场开拓和认证申请等各项具体工作计划,并提出相应的资金预算。需要提醒各位总监注意的是,各项计划的制订和执行都不是独立的,而应综合整体的情况来考虑,我们经营的企业是一个不可分割的整体。

二、年中各季度的工作

以下各项工作每个季度都要执行。

1. 更新短期贷款/短期贷款还本付息/申请短期贷款

短期贷款只能在每个季度的开始时申请,财务总监根据本企业的资金需求计划到银行(指导教师代理)办理贷款申请,将贷到的现金(灰色币)放到沙盘的"现金"中正常使用,将同样金额的应收账款(红色币)放到沙盘中"短贷"中相应的账期中。可申请的最高额度如下:

贷款总额(长期贷款+短期贷款)≤其所有者权益×2

对于企业已有的短期贷款,由财务总监将代表该笔货款的红色币向"现金"方向移动一个账期。当移至"现金"中时,代表该笔贷款到期。

短期贷款到期时要求还本付息,其中贷款本金×5%=应付利息,财务总监经过计算后,将代表贷款的红色币和用于偿还本金的灰色币一起交付给银行,将支付的利息放在沙盘的"利息"处。

财务总监对短期贷款的处理都要在"现金流量表"中做相应的记录。

2. 更新应付款/归还应付款

财务总监将放在沙盘"应付款"中的红色币分别向"现金"方向移动一个账期,当移至"现金"中时,代表该笔应付款到期。财务总监将代表应付款的红色币和用于偿还的灰色币一起交付给供应商(指导教师代理)。财务总监在"现金流量表"中做相应的记录。

3. 更新原料订单/原材料入库

采购总监将代表原材料订单的黄色币在"原材料订单"区中向"原材料库"方向推进一格,到达"原材料库"中时,向财务总监申请原材料款,财务总监在"现金流量表"中做相应的

记录。采购总监将代表订单的黄色币和原材料款灰色币一起交给供应商(指导教师),换取代表原材料蓝色币。严格按合同收货,订购的原材料必须入库,并按规定支付现金或计入应付账款。

4. 下原料订单

采购总监按照年初制定的原材料采购计划中的品种和数量,按时与供应商签订原材料订购合同,即申领不同标识的黄色币,并放在"原材料订单"区中相应的区域。签订原材料采购合同时要注意采购提前期,以免影响生产或增加成本。

5. 更新生产/完工入库

生产总监将各生产线上的在制品向"成品库"方向推进一格,在制品按期完成生产后将产品放置在"成品库"中相应的位置。

6. 投资新生产线/生产线转产/变卖生产线

准备建设新生产线时,生产总监先向指导教师申领生产线和相应的产品标识牌,将生产线背面向上放置在厂房中目前没有生产线的空位置上(这个位置一旦确定便不能随意移动),并将产品标识牌放在生产线上方(表示这条生产线将用于生产该种产品),然后按照各类生产线所需的建设周期和经费,每季度向财务总监申请资金放在该生产线上,每季度投入金额=购买价格/安装周期,财务总监在"现金流量表"中做相应的记录。全部投资完成后的下一个季度,将生产线标识翻转,将所有的购买资金(灰色币)放在生产线上方代表该生产线的净值,这条生产线可以开始生产产品了。

没有在制品的生产线可以转产其他产品。不同生产线的转产周期和转产费用不同。需要转产改造的生产线,生产总监先将其翻转背面向上,按季度向财务总监申请转产费用放在生产线上,财务总监在"现金流量表"中做相应的记录。满足停工转产周期要求并投入全部所需费用后,财务总监将转产费用放入沙盘"转产费"处,生产总监再次将生产线翻转,重新领取产品标识后,可以开始新的生产。

不再需要且没有在制品的生产线可以出售给银行,注意出售前应先计提折旧。

7. 开始下一批生产

如果出现空置(没有在制品的)生产线,生产总监可根据生产计划决定是否继续生产。若要继续生产,生产总监按照产品结构从原材料库中取出所需的原材料,再向财务总监申请加工费,一起放在生产线上的起始位置(注意生产线能生产的产品情况)。财务总监在"现金流量表"中做相应的记录。

8. 产品研发投资

销售总监根据年初制订的产品研发计划,按期向财务总监申请研发经费,放在"产品研发"区中相应的产品的投资期处。财务总监在"现金流量表"中做相应的记录。

9. 更新应收款/应收款收现

财务总监将代表"应收款"的红色币向"现金"方向推进一格,到达"现金"时,将该笔红色币交给客户(指导教师代理),换取现金(灰色币),并在"现金流量表"中做相应的记录。

10. 按订单交货

严格按订单交货。销售总监按订单检查库存是否满足客户订单要求(包括交货期、数量和品种),若满足则将产品和订单交付客户。客户按订单收货后,支付现金(灰色币)或给予代表延期支付货款的红色币。财务总监将销售总监带回的灰色币放入"现金"中,并在"现金流量表"中做相应的记录;将红色币放入"应收款"相应的账期处。销售总监在"订单"表中填入"成本"和"毛利"。

11. 出售/抵押厂房

出现资金短缺时,可将企业所拥有的厂房出售给银行。出售时,按厂房的购置价格出售,得到的不是现金,而是 4 期的应收账款。出售后若需租用,当年起按年缴纳租金。

也可将企业所拥有的厂房抵押给银行。抵押后,厂房所有权仍归企业,银行按厂房的购置价格支付现金给企业,抵押期为 5 年。抵押到期,企业可赎回厂房,但如果资金不够,则厂房归银行所有。财务总监在"长贷"的"5Y"中放置相应金额的红色币作为抵押标识,企业每年按长贷的利率支付利息。

需要提醒的是,财务总监在对抵押厂房的业务进行账务处理时,在资产负债表中的"土地建筑原价"减少,相应的"现金"增加,而抵押标识不计入"长期贷款"。

12. 支付行政管理费用

行政管理费用主要包括管理人员的工资、差旅费、招待费、办公费等。财务总监每个季度将 1 M 放在"管理费用"处,并在"现金流量表"中做相应的记录。

13. 季末现金对账

财务总监将"现金流量表"中的收入和支出分别汇总,计算出现金余额,并盘点现金,进行核对。同时,CEO 需要将沙盘盘面的实际情况登记在"状态记录表"中。指导教师随机进行抽查"状态记录表"与盘面情况不符的,每次罚款 1 M。

还需要说明的几点内容如下。

(1)企业随时可以向银行申请高利贷,具体额度与银行商议决定,处理与短期贷款相同。

(2)向其他企业购买或出售产品订单、原材料或产成品,没有时间和价格的限制,由双方自行商定。

(3)其他企业购买或转让产品研发技术,也没有时间的限制,但转让金额必须大于研发金额,而其他转让条件由双方自行商定。

(4)我们将每一年分成四个季度进行核算,每个季度都需要完成以上各项工作,而且各项工作进行的顺序不得颠倒。

三、年末阶段的工作

1. 支付长期贷款利息/更新长期贷款/申请长期贷款

未到期的长期贷款,利息在每年年末支付,应付利息为贷款本金×10%,财务总监经过计算后将支付的利息放在沙盘的"利息"处。然后将代表贷款的红色币向"现金"方向推进一格,当移至"现金"中时,代表该笔贷款到期。财务总监须将代表贷款的红色币和用于偿还本金的灰色币一起交付给银行,当年应支付的利息放在沙盘的"利息"处。

长期贷款只能在每年的年末申请,财务总监根据本企业的资金需求计划到银行办理贷款申请,将贷到的现金(灰色币)放到沙盘"现金"中正常使用,将同样金额的红色币放到沙盘"长贷"中相应的账期中。企业可申请的最高额度为:

$$贷款总额(长期贷款＋短期贷款)≤其所有者权益×2$$

2. 支付设备维修费

对于使用中的生产线每条每年要支付相应的维修费,生产总监向财务总监提出设备维护

申请,财务总监将相应数额的现金放在"维修费"处,并在"现金流量表"中做相应的记录。

3. 支付租金(或购买建筑)

若企业使用不属于自己的厂房,就需要支付租金或直接购买。若只是租用,财务总监取相应的现金放在"租金"处;若打算购买,则取相当于厂房价值的现金放在厂房左上角的方框中,并在"现金流量表"中做相应的记录。

4. 计提折旧

除厂房不计提折旧外,其余设备按平均年限法计提折旧,在建和当年新建设备不提折旧。生产总监从各设备的净值中取出折旧费,放在"折旧费"处。计提折旧不影响现金。

5. 新市场开拓投资/ISO 资格认证投资

销售总监按年初的市场开拓计划向财务总监申请生产开拓费用,财务总监取相应现金放在要开拓的市场区域中,并在"现金流量表"中做相应的记录。完成开拓的市场,在指导教师处申领相应的市场准入证,在下一年度可进入该市场销售。

ISO 资格认证投资与市场开拓相似。

6. 关账

财务总监汇总现金流量表,编制综合管理费用明细表、资产负债表和利润表,提交指导教师审核,并录入登记表中作为下年企业申请贷款和最终成绩评定的依据。

企业经营团队总结本年度的各项工作。年度结束后,指导教师将取走沙盘上企业支出的各项成本。

任务三 ERP 沙盘企业模拟对抗起始年

一、年初工作阶段

在每个年度经营开始之前,管理决策者们都要召开企业经营决策会议,制订和调整企业发展战略,拟订各部门的工作计划,并据此进行资金预算和产能预算。

在起始年度,指导教师代行各小组 CEO 的职责,帮助各小组的成员熟悉整个业务的流程和所需完成的工作记录。各企业经营者们的主要任务是平稳地接管企业,因而,企业暂不做任何发展投资(包括厂房、设备、市场和产品等方面),不追加投资或进行融资,对于生产计划的目标只是保证所有生产设备的正常运转(即所有生产线均不停产,而不考虑销售的情况),原材料的采购则根据生产的需要安排采购计划。

现在,指导教师按照任务清单的顺序带领各组开始第一年的经营。

1. 支付应付税

财务总监按照上年度利润表"所得税"项中的数值,取出 3 M 的现金(灰色币)放在沙盘"税金"处,并在"现金流量表"中做好记录。

2. 支付广告费

财务总监取出 1 M 的现金(灰色币)放在沙盘的"广告费"处,并在"现金流量表"中做好记录。

3. 参加订货会/登记销售订单

本年度的商品订货会暂停,由指导教师统一指派订单,如图 4-9 所示。

图 4-9 反映了下列信息:企业在起始年(Y0)的第三季度(Q3)需向本地市场(本地)的客户

交 6 个 Beryl 产品，每个产品的单价为 6 M，总价合计 36 M，货款不是现金而是 1 个账期（IQ）的应收账款。

这张订单就相当于订货合同，销售总监需要及时进行"订单"表登记，订单中的市场、产品名称、账期、交货期、单价、订单编号、订单数量、订单销售额都要逐一记入，见表 4-3。

Beryl （Y0, 本地）
6×6 M=36 M
账期：1Q   交货：Q3

图 4-9   起始年商品订单

表 4-3   起始年订单（取得）

项　目	1	2	3	4	5	6	合计
市场	本地						
产品名称	Beryl						
账期	1Q						
交货期	Q3						
单价	6 M						
订单数量	6						
订单销售额	36 M						
成本							
毛利							

二、年中工作阶段

1. 起始年第一个经营周期

（1）更新短期贷款/短期贷款还本付息/申请短期贷款。

财务总监将代表 2 000 万元贷款的红色币向"现金"方向移动一个账期，由"4Q"处移到"3Q"处。

（2）更新应付款/归还应付款。

本期无此业务。

（3）更新原料订单/原材料入库。

采购总监将代表原材料订单的 2 个 M1 的黄色币在"原材料订单"区中向"原材料库"方向推进一格，到达"原材料库"。向财务总监申请 2 M 的原材料款（2 个灰色币），财务总监在"现金流量表"中做相应的记录。采购总监将代表订单的黄色币和代表原材料款的灰色币一起交给指导教师，换取 2 个代表原材料 M1 的蓝色币，并放到"原材料库"中"M1 原材料库"区域。

（4）下原料订单。

采购总监向指导教师申领 2 个 M1 的黄色币，并放在"原材料订单"中与"原材料库"相对应的"1Q"区域内。

（5）更新生产/完工入库。

生产总监将第一条生产线（手工）上的在制品推移到第二个生产期中，将第三条生产线（手工）上的在制品放入"成品库"的"Beryl 成品库"中（表示这个产品已完工入库），将第四条生产线（半自动）上的在制品推移到第二个生产期中。

此时"成品库"的"Beryl 成品库"中共有 4 个 Beryl。

（6）投资新生产线/生产线转产/变卖生产线。

本期无此业务。

（7）开始下一批生产。

现在有两条闲置的生产线，因此，生产总监按照产品结构从原材料库中取出 2 个 M1 的原材料，再向财务总监申请 2 M 的加工费，组成 2 个 Beryl 在制品，分别放在第二条生产线（手工）和第三条生产线（手工）的第一个生产期中。财务总监在"现金流量表"中做相应的记录。

（8）产品研发投资。

本期无此业务。

（9）更新应收款/应收款收现。

财务总监将代表两账期"应收款"的 7 M 红色币向"现金"方向推进一格，移至"1Q"处，再将代表三账期"应收款"的 7 M 红色币向"现金"方向推进一格，移至"2Q"处。

（10）按订单交货。

本期无此业务。

（11）出售/抵押厂房。

本期无此业务。

（12）支付行政管理费用。

财务总监将 1 M 放在"管理费用"处，并在"现金流量表"中做相应的记录。

（13）季末现金对账。

财务总监将"现金流量表"中的收入和支出分别汇总，计算出现金余额，并盘点现金，进行核对。起始年第一季度现金的流量见表 4-4。

表 4-4　起始年第一季度现金流量表

单位：百万元

操作顺序		项　目	1 季度	2 季度	3 季度	4 季度
年初	1	新年度规划会议				
	2	支付上年应交税	3			
	3	广告费	1			
	4	参加订货会/登记销售订单				
年中	1	季初现金余额	20			
	2	应收款到期（+）				
	3	变卖生产线（+）				
	4	变卖原料/产品（+）				
	5	变卖厂房（+）				
	6	短期贷款（+）				
	7	归还短贷及利息				
	8	贴现费用				
	9	高利贷贷款（+）				
	10	归还高利贷及利息				
	11	原料采购支付现金	2			
	12	成品采购支付现金				

续表

操作顺序	项　目	1季度	2季度	3季度	4季度
年中 13	设备改造费				
14	生产线投资				
15	加工费用	2			
16	产品研发				
17	行政管理费	1			
18	其他				
19	收入总计	0			
20	支出总计	5			
21	季末现金余额	15			
年末 1	长期贷款				
2	归还长期贷款及利息				
3	设备维修费				
4	租金				
5	购买新建筑				
6	计提折旧				
7	市场开拓投资				
8	ISO 认证投资				
9	年末现金对账				
10	关账				

起始年第一季度经营结束。

2. 起始年第二个经营周期

（1）更新短期贷款/短期贷款还本付息/申请短期贷款。

财务总监将代表 2 000 万元贷款的红色币向"现金"方向移动一个账期，由"3Q"处移到"2Q"处。

（2）更新应付款/归还应付款。

本期无此业务。

（3）更新原料订单/原材料入库。

采购总监将代表原材料订单的 2 个 M1 的黄色币在"原材料订单"区中向"原材料库"方向推进二格，到达"原材料库"。向财务总监申请 2 M 的原材料款（2 个灰色币），财务总监在"现金流量表"中做相应的记录。采购总监将代表订单的黄色币和代表原材料款的灰色币一起交给指导教师，换取 2 个代表原材料 M1 的蓝色币，并放到"原材料库"中"M1 原材料库"区域。

（4）下原料订单。

采购总监向指导教师申领 1 个 M1 的黄色币，并放在"原材料订单"中与"原材料库"中"M1 原材料库"相对应的"1Q"区域内。

（5）更新生产/完工入库。

生产总监将第一条生产线（手工）上的在制品推移到第三个生产期中，将第二条生产线（手

工)上的在制品推移到第二个生产期中,将第三条生产线(手工)上的在制品推移到第二个生产期中,将第四条生产线(半自动)上的在制品放入"成品库"的"Beryl 成品库"中(表示这个产品已完工入库)。此时"成品库"的"Beryl 成品库"中共有 5 个 Beryl。

(6)投资新生产线/生产线转产/变卖生产线。

本期无此业务。

(7)开始下一批生产。

现在有一条闲置的生产线,因此,生产总监按照产品结构从原材料库中取出 1 个 M1 的原材料,再向财务总监申请 1 M 的加工费,组成 1 个 Beryl 在制品,放在第四条生产线(半自动)上的第一个生产期中。财务总监在"现金流量表"中做相应的记录。

(8)产品研发投资。

本期无此业务。

(9)更新应收款/应收款收现。

财务总监将代表两账期"应收款"的 7 M 红色币向"现金"方向推进一格,移至"现金"处,再将代表"应收款"的三账期"应收款"的 7 M 红色币向"现金"方向推进一格,移至"1Q"处。

将已移到"现金"中的 7 M 红色币交给指导教师,换取 7 M 的现金(7 个灰色币),并在"现金流量表"中做相应的记录。

(10)按订单交货。

本期无此业务。

(11)出售/抵押厂房。

本期无此业务。

(12)支付行政管理费用。

财务总监将 1 M 放在"管理费用"处,并在"现金流量表"中做相应的记录。

(13)季末现金对账。

财务总监将"现金流量表"中的收入和支出分别汇总,计算出现金余额,并盘点现金,进行核对。起始年第二季度现金的流量见表 4-5。

表 4-5　起始年第二季度现金流量表

单位:百万元

操作顺序		项　目	1 季度	2 季度	3 季度	4 季度
年初	1	新年度规划会议				
	2	支付上年应交税	3			
	3	广告费	1			
	4	参加订货会/登记销售订单				
年中	1	季初现金余额	20	15		
	2	应收款到期(+)		7		
	3	变卖生产线(+)				
	4	变卖原料/产品(+)				
	5	变卖厂房(+)				
	6	短期贷款(+)				

续表

操作顺序	项　目	1季度	2季度	3季度	4季度
年中					
7	归还短贷及利息				
8	贴现费用				
9	高利贷贷款（＋）				
10	归还高利贷及利息				
11	原料采购支付现金	2	2		
12	成品采购支付现金				
13	设备改造费				
14	生产线投资				
15	加工费用	2	1		
16	产品研发				
17	行政管理费	1	1		
18	其他				
19	收入总计	0	7		
20	支出总计	5	4		
21	季末现金余额	15	18		
年末					
1	长期贷款				
2	归还长期贷款及利息				
3	设备维修费				
4	租金				
5	购买新建筑				
6	计提折旧				
7	市场开拓投资				
8	ISO认证投资				
9	年末现金对账				
10	关账				

起始年第二季度经营结束。

3. 起始年第三个经营周期

（1）更新短期贷款/短期贷款还本付息/申请短期贷款。

财务总监将代表2 000万元贷款的红色币向"现金"方向移动一个账期，由"2Q"处移到"1Q"处。

（2）更新应付款/归还应付款。

本期无此业务。

（3）更新原料订单/原材料入库。

采购总监将代表原材料订单的1个M1的黄色币在"原材料订单"区中向"原材料库"方向推进一格，到达"原材料库"。向财务总监申请1 M的原材料款（1个灰色币），财务总监在"现金流量表"中做相应的记录。采购总监将代表订单的黄色币和代表原材料款的灰色币一起交

给指导教师换取 1 个代表原材料 M1 的蓝色币,并放到"原材料库"中"M1 原材料库"区域。

(4)下原料订单。

本期无此业务。

(5)更新生产/完工入库。

生产总监将第一条生产线(手工)上的在制品放入"成品库"的"Beryl 成品库"中,将第二条生产线(手工)上的在制品推移到第三个生产期中,将第三条生产线(手工)上的在制品推移到第三个生产期中,将第四条生产线(半自动)上的在制品推移到第二个生产期中。

此时"成品库"的"Beryl 成品库"中共有 6 个 Beryl。

(6)投资新生产线/生产线转产/变卖生产线。

本期无此业务。

(7)开始下一批生产。

现在有一条闲置的生产线,因此,生产总监按照产品结构从原材料库中取出 1 个 M1 的原材料,再向财务总监申请 1 M 的加工费,组成 1 个 Beryl 在制品,放在第一条生产线(手工)上的第一个生产期中。财务总监在"现金流量表"中做相应的记录。

(8)产品研发投资。

本期无此业务。

(9)更新应收款/应收款收现。

财务总监将代表三账期"应收款"的 7 M 红色币向"现金"方向推进一格,移至"现金"处。将已移到"现金"中的 7 M 红色币交给指导教师,换取 7 M 的现金(7 个灰色币),并在"现金流量表"中做相应的记录。

(10)按订单交货。

销售总监向本地市场(本地)的客户(指导教师)交 6 个 Beryl 产品,同时完成订单表的登记(见表 4-6)。每个 Beryl 产品的单价为 6 M,总价合计 36 M,货款不是现金而是 1 个账期(1Q)的应收账款,即客户支付的是代表"应收款"的 36 M 的红色币。财务总监将销售总监带回的 36 M 的红色币放入"应收款"的"1Q"处。

表 4-6 起始年订单(完成)

项 目	1	2	3	4	5	6	合计
市场	本地						
产品名称	Beryl						
账期	1Q						
交货期	Q3						
单价	6 M						
订单数量	6						
订单销售额	36 M						36 M
成本	12 M						12 M
毛利	24 M						24 M

(11)出售/抵押厂房。

本期无此业务。

(12)支付行政管理费用。

财务总监将 1 M 放在"管理费用"处,并在"现金流量表"中做相应的记录。

(13)季末现金对账。

财务总监将"现金流量表"中的收入和支出分别汇总,计算出现金余额,并盘点现金,进行核对。起始年第三季度现金的流量见表 4-7。

表 4-7　起始年第三季度现金流量表

单位:百万元

操作顺序		项　目	1 季度	2 季度	3 季度	4 季度
年初	1	新年度规划会议				
	2	支付上年应交税	3			
	3	广告费	1			
	4	参加订货会/登记销售订单				
年中	1	季初现金余额	20	15	18	
	2	应收款到期(+)		7	7	
	3	变卖生产线(+)				
	4	变卖原料/产品(+)				
	5	变卖厂房(+)				
	6	短期贷款(+)				
	7	归还短贷及利息				
	8	贴现费用				
	9	高利贷贷款(+)				
	10	归还高利贷及利息				
	11	原料采购支付现金	2	2	1	
	12	成品采购支付现金				
	13	设备改造费				
	14	生产线投资				
	15	加工费用	2	1	1	
	16	产品研发				
	17	行政管理费	1	1	1	
	18	其他				
	19	收入总计	0	7	7	
	20	支出总计	5	4	3	
	21	季末现金余额	15	18	22	
年末	1	长期贷款				
	2	归还长期贷款及利息				
	3	设备维修费				
	4	租金				
	5	购买新建筑				

续表

操作顺序		项　目	1季度	2季度	3季度	4季度
年中	6	计提折旧				
	7	市场开拓投资				
	8	ISO 认证投资				
	9	年末现金对账				
	10	关账				

起始年第三季度经营结束。

4. 起始年第四个经营周期

(1)更新短期贷款/短期贷款还本付息/申请短期贷款。

财务总监将代表 2 000 万元贷款的红色币向"现金"方向移动一个账期,由"1Q"处移到"现金"处。此时,表示短期贷款到期。

短期贷款到期时要求还本付息,其中贷款本金×5％＝应付利息,财务总监将代表贷款的 20 M 红色币和用于偿还本金的 20 M 灰色币一起交付给银行(指导教师),将支付的 1 M 利息(灰色币)放在沙盘的"利息"处。

财务总监对短期贷款的处理都要在"现金流量表"中做相应的记录。

(2)更新应付款/归还应付款。

本期无此业务。

(3)更新原料订单/原材料入库。

本期无此业务。

(4)下原料订单。

本期无此业务。

(5)更新生产/完工入库。

生产总监将第一条生产线(手工)上的在制品推移到第二个生产期中,将第二条生产线(手工)上的在制品放入"成品库"的"Beryl 成品库"中,将第三条生产线(手工)上的在制品放入"成品库"的"Beryl 成品库"中,将第四条生产线(半自动)上的在制品放入"成品库"的"Beryl 成品库"中。

此时"成品库"的"Beryl 成品库"中共有 3 个 Beryl。

(6)投资新生产线/生产线转产/变卖生产线。

本期无此业务。

(7)开始下一批生产。

现在有三条闲置的生产线,但现金不足,因此,生产总监按照产品结构从原材料库中取出 1 个 M1 的原材料,再向财务总监申请 1 M 的加工费,组成 1 个 Beryl 在制品,放在第四条生产线(半自动)上的第一个生产期中。财务总监在"现金流量表"中做相应的记录。

(8)产品研发投资。

本期无此业务。

(9)更新应收款/应收款收现。

财务总监将代表一账期"应收款"的 36 M 红色币向"现金"方向推进一格,移至"现金"处。将已移到"现金"中的 36 M 红色币交给指导教师,换取 36 M 的现金(36 个灰色币),并在"现金流量表"中做相应的记录。

(10)按订单交货。

本期无此业务。

(11)出售/抵押厂房。

本期无此业务。

(12)支付行政管理费用。

财务总监将 1 M 放在"管理费用"处,并在"现金流量表"中做相应的记录。

(13)季末现金对账。

财务总监将"现金流量表"中的收入和支出分别汇总,计算出现金余额,并盘点现金,进行核对。起始年第四季度现金的流量见表 4-8。

表 4-8 起始年第四季度现金流量表

单位:百万元

操作顺序		项 目	1 季度	2 季度	3 季度	4 季度
年初	1	新年度规划会议				
	2	支付上年应交税	3			
	3	广告费	1			
	4	参加订货会/登记销售订单				
年中	1	季初现金余额	20	15	18	22
	2	应收款到期(＋)		7	7	36
	3	变卖生产线(＋)				
	4	变卖原料/产品(＋)				
	5	变卖厂房(＋)				
	6	短期贷款(＋)				
	7	归还短贷及利息				21
	8	贴现费用				
	9	高利贷贷款(＋)				
	10	归还高利贷及利息				
	11	原料采购支付现金	2	2	1	
	12	成品采购支付现金				
	13	设备改造费				
	14	生产线投资				
	15	加工费用	2	1	1	1
	16	产品研发				
	17	行政管理费	1	1	1	1
	18	其他				
	19	收入总计	0	7	7	36
	20	支出总计	5	4	3	23
	21	季末现金余额	15	18	22	35

续表

操作顺序		项　目	1 季度	2 季度	3 季度	4 季度
年末	1	长期贷款				
	2	归还长期贷款及利息				
	3	设备维修费				
	4	租金				
	5	购买新建筑				
	6	计提折旧				
	7	市场开拓投资				
	8	ISO 认证投资				
	9	年末现金对账				
	10	关账				

三、年末工作阶段

（1）支付长期贷款利息/更新长期贷款/申请长期贷款。

本期无此业务。

（2）支付设备维修费。

目前有四条使用中的生产线，财务总监将 4 M 放在"维修费"处，并在"现金流量表"中做相应的记录。

（3）支付租金（或购买建筑）。

本期无此业务。

（4）计提折旧。

企业目前有三条手工线和一条半自动生产线，生产总监从沙盘中各生产线上方的净值中各取出相应的折旧费，放在"折旧费"处。计提折旧不影响现金。扣除折旧后，手工生产线每条净值剩余 1 M，半自动生产线净值剩余 4 M。

（5）新市场开拓投资/ISO 资格认证投资。

本期无此业务。

（6）关账。

财务总监汇总现金流量表，编制综合管理费用明细表、资产负债表和利润表，提交指导教师审核，并录入登记表中作为下年企业申请贷款和最终成绩评定的依据。起始年年末现金的流量见表 4-9。

表 4-9　起始年年末现金流量表

单位：百万元

操作顺序		项　目	1 季度	2 季度	3 季度	4 季度
年初	1	新年度规划会议				
	2	支付上年应交税	3			
	3	广告费	1			
	4	参加订货会/登记销售订单				

续表

操作顺序		项　目	1 季度	2 季度	3 季度	4 季度
年中	1	季初现金余额	20	15	18	22
	2	应收款到期（＋）		7	7	36
	3	变卖生产线（＋）				
	4	变卖原料/产品（＋）				
	5	变卖厂房（＋）				
	6	短期贷款（＋）				
	7	归还短贷及利息				21
	8	贴现费用				
	9	高利贷贷款（＋）				
	10	归还高利贷及利息				
	11	原料采购支付现金	2	2	1	
	12	成品采购支付现金				
	13	设备改造费				
	14	生产线投资				
	15	加工费用	2	1	1	1
	16	产品研发				
	17	行政管理费	1	1	1	1
	18	其他				
	19	收入总计	0	7	7	36
	20	支出总计	5	4	3	23
	21	季末现金余额	15	18	22	35
年末	1	长期贷款				
	2	归还长期贷款及利息				
	3	设备维修费				4
	4	租金				
	5	购买新建筑				
	6	计提折旧				5
	7	市场开拓投资				
	8	ISO 认证投资				
	9	年末现金对账				31
	10	关账				

起始年的综合管理费用明细表、利润表和资产负债表，分别见表 4-10 至表 4-12。

表 4-10　起始年综合管理费用明细表

单位:百万元

项　目	金　额
行政管理费	4
广告费	1
设备维修费	4
设备改造费	0
租金	0
产品研发	0
市场开拓	0
ISO 认证	0
其他	0
合计	9

表 4-11　起始年利润表

单位:百万元

项　目	上一年	本　年
一、销售收入	40	36
减:成本	17	12
二、毛利	23	24
减:综合费用	8	9
折旧	4	5
财务净损益	1	1
三、营业利润	10	9
加:营业外净收益	0	0
四、利润总额	10	9
减:所得税	3	3
五、净利润	7	6

表 4-12　起始年资产负债表

年　月　日

单位:百万元

资　产	年初数	期末数	负债及所有者权益	年初数	期末数
流动资产:			负债:		
现金	24	31	短期负债	20	0
应收账款	14	0	应付账款	0	0
原材料	2	2	应交税金	3	3
产成品	6	6	长期负债	0	0
在制品	6	4			
流动资产合计	52	43	负债合计	23	3
固定资产:			所有者权益:		
土地建筑净值	40	40	股东资本	70	70
机器设备净值	12	7	以前年度利润	4	11
在建工程	0	0	当年净利润	7	6
固定资产合计	52	47	所有者权益合计	81	87
资产总计	104	90	负债及权益总计	104	90

　　企业经营团队总结本年度的各项工作。同时,指导教师取走沙盘上企业支出的各项费用。起始年经营结束,指导教师对整体情况进行总结。

任务四　ERP 沙盘企业模拟对抗第一年

　　第一个经营年度即将开始,各企业的经营团队通过自己对企业经营的认识,对市场环境分析,和对竞争对手的了解制定企业发展战略。这个企业战略可分为三个层次:公司战略、业务战略和职能战略。

为方便学员理解，我们通过对 A 企业整个决策和经营全过程的观察来进行讲解和说明。

首先，CEO 主持召开企业经营决策会议，制订企业工作计划。第一年重要决策见表 4-13。

表 4-13　第一年重要决策

一季度	二季度	三季度	四季度	年 底
放弃争夺本地市场老大的地位，研发 Crystal、Ruby 产品	研发 Crystal、Ruby 产品，购买一条全自动生产线用于生产 Crystal 产品	研发 Crystal、Ruby 产品	研发 Crystal、Ruby 产品，购买两条全自动生产线用于生产 Beryl 和 Ruby 产品	开拓区域、国内和亚洲市场，进行 ISO 9000 和 ISO 14000 的认证

指导教师宣布时间，要求 5 分钟之内各企业的销售总监提交广告投放方案，准备召开第一年订货会。A 企业的广告投放方案见表 4-14。

表 4-14　A 企业的广告投放方案（第一年）

市场类别	Beryl	Crystal	Ruby	Saphire
本　地	4 M			
区　域				
国　内				
亚　洲				
国　际				

指导教师将各个企业提交的广告投放方案录入到"企业经营实战演练－市场排名"工具中，系统将自动完成排名。各企业的销售总监按排名顺序选取产品订单。

假设 A 企业的排名第 4 位，销售总监拿到的订单如图 4-10 所示。（图中数字为四舍五入后的）

Beryl　(Y1, 本地)
3×5.4 M=16 M
账期：1Q　交货：Q2

图 4-10　A 企业第一年销售订单

一、年初工作阶段

根据前期制定好的企业发展战略，A 企业的 CEO 按照任务清单的顺序领导小组成员开始经营活动。从第一年度开始由 CEO 掌控进行年度计划的讨论，重点是各个部门、每个季度具体的工作。

（1）支付应付税。

财务总监按照上年度利润表"所得税"项中的数值，取出 3 M 的现金（灰色币）放在沙盘"税金"处，并在"现金流量表"中做好记录。

（2）支付广告费。

财务总监取出 4 M 的现金（灰色币）放在沙盘的"广告费"处，并在"现金流量表"中做好记录。

（3）参加订货会/登记销售订单。

销售总监根据订单及时地进行"订单"表登记，如表 4-15 所示。

表 4-15　第一年订单（取得）

项　目	1	2	3	4	5	6	合计
市场	本地						
产品名称	Beryl						
账期	1Q						
交货期	Q2						
单价	5.4 M						
订单数量	3						
订单销售额	16 M						
成本							
毛利							

二、年中工作阶段

1. 第一年第一个经营周期

（1）更新短期贷款/短期贷款还本付息/申请短期贷款。

本期无此业务。

（2）更新应付款/归还应付款。

本期无此业务。

（3）更新原料订单/原材料入库。

本期无此业务。

（4）下原料订单。

采购总监向指导教师申领 1 个 M1 的黄色币，并放在"原材料订单"中与"原材料库"中"M1 原材料库"相对应的"1Q"区域内。

（5）更新生产/完工入库。

生产总监将第一条生产线（手工）上的在制品推移到第三个生产期中，将第四条生产线（半自动）上的在制品推移到第二个生产期中。

此时"成品库"的"Beryl 成品库"中共有 3 个 Beryl。

（6）投资新生产线/生产线转产/变卖生产线。

本期无此业务。

（7）开始下一批生产。

现在有两条闲置的生产线，因此，生产总监按照产品结构从原材料库中取出 2 个 M1 的原材料，再向财务总监申请 2 M 的加工费，组成 2 个 Beryl 在制品，分别放在第二条生产线（手工）和第三条生产线（手工）的第一个生产期中。财务总监在"现金流量表"中做相应的记录。

（8）产品研发投资。

销售总监根据年初制订的产品研发计划，按期向财务总监申请 3 M 的研发经费，放在"产品研发"区中相应的产品的投资期处。财务总监在"现金流量表"中做相应的记录。

（9）更新应收款/应收款收现。

本期无此业务。

(10)按订单交货。

本期无此业务。

(11)出售/抵押厂房。

本期无此业务。

(12)支付行政管理费用。

财务总监将 1 M 放在"管理费用"处,并在"现金流量表"中做相应的记录。

(13)季末现金对账。

财务总监将"现金流量表"中的收入和支出分别汇总,计算出现金余额,并盘点现金,进行核对。第一年第一季度现金的流量见表 4-16。

表 4-16 第一年第一季度现金流量表

单位:百万元

操作顺序		项　目	1季度	2季度	3季度	4季度
年初	1	新年度规划会议				
	2	支付上年应交税	3			
	3	广告费	4			
	4	参加订货会/登记销售订单				
年中	1	季初现金余额	24			
	2	应收款到期(＋)				
	3	变卖生产线(＋)				
	4	变卖原料/产品(＋)				
	5	变卖厂房(＋)				
	6	短期贷款(＋)				
	7	归还短贷及利息				
	8	贴现费用				
	9	高利贷贷款(＋)				
	10	归还高利贷及利息				
	11	原料采购支付现金				
	12	成品采购支付现金				
	13	设备改造费				
	14	生产线投资				
	15	加工费用	2			
	16	产品研发	3			
	17	行政管理费	1			
	18	其他				
	19	收入总计	0			
	20	支出总计	6			
	21	季末现金余额	18			

续表

操作顺序		项　目	1 季度	2 季度	3 季度	4 季度
年末	1	长期贷款				
	2	归还长期贷款及利息				
	3	设备维修费				
	4	租金				
	5	购买新建筑				
	6	计提折旧				
	7	市场开拓投资				
	8	ISO 认证投资				
	9	年末现金对账				
	10	关账				

第一年第一季度经营结束。

2. 第一年第二个经营周期

（1）更新短期贷款/短期贷款还本付息/申请短期贷款。

本期无此业务。

（2）更新应付款/归还应付款。

本期无此业务。

（3）更新原料订单/原材料入库。

采购总监将代表原材料订单的 1 个 M1 的黄色币和代表原材料款的 1 M 灰色币一起交给指导教师，换取 1 个代表原材料 M1 的蓝色币，并放到"原材料库"中"M1 原材料库"区域。

（4）下原料订单。

本期无此业务。

（5）更新生产/完工入库。

生产总监将第一条生产线（手工）上的在制品放入"成品库"的"Beryl 成品库"中，将第二条生产线（手工）上的在制品推移到第二个生产期中，将第三条生产线（手工）上的在制品推移到第二个生产期中，将第四条生产线（半自动）上的在制品放入"成品库"的"Beryl 成品库"中。

此时"成品库"的"Beryl 成品库"中共有 5 个 Beryl。

（6）投资新生产线/生产线转产/变卖生产线。

根据年初的计划拟建设一条新生产线。生产总监先将原有的生产线 1 区位置上的手工生产线出售给市场（将生产线和产品标识牌交给指导教师），不能收取现金（由于"生产线变卖不影响当年计提折旧"，所以 1 M 的残值应放在"折旧费"中），然后向市场（指导教师）申领一条全自动生产线的标识牌和一个 Crystal 的标识牌，将生产线翻转背面向上放置在厂房中生产线 1 区的位置（这个位置一旦确定便不能随意移动），并将 Crystal 的标识牌放在生产线上方（表示这条生产线将用于生产 Crystal 产品），最后按照全自动生产线所需的建设周期和经费，向财务总监申请本期的投资资金 5 M 放在该生产线上，财务总监在"现金流量表"中做相应的记录。

全自动生产线的安装周期为 3Q，因此此时开始安装明年年初可开始首批生产。

（7）开始下一批生产。

生产总监从原材料库中取出 1 个 M1 的原材料,再向财务总监申请 1 M 的加工费,组成 1 个 Beryl 在制品,放在第四条生产线(半自动)上的第一个生产期中。财务总监在"现金流量表"中做相应的记录。

(8)产品研发投资。

销售总监按期向财务总监申请 3 M 的研发经费,放在"产品研发"区中相应的产品的投资期处。财务总监在"现金流量表"中做相应的记录。

(9)更新应收款/应收款收现。

本期无此业务。

(10)按订单交货。

销售总监向本地市场(本地)的客户(指导教师)交 3 个 Beryl 产品,同时完成订单表的登记(见表 4-17)。每个 Beryl 产品的单价为 5.4 M,总价合计 16 M,货款不是现金而是 1 个账期(1Q)的应收账款。财务总监将销售总监带回的 16 M 元的红色币放入"应收款"的"1Q"处。

表 4-17　第一年订单(完成)

项　目	1	2	3	4	5	6	合计
市场	本地						
产品名称	Beryl						
账期	1Q						
交货期	Q2						
单价	5.4 M						
订单数量	3						
订单销售额	16 M						16 M
成本	6 M						6 M
毛利	10 M						10 M

(11)出售/抵押厂房。

本期无此业务。

(12)支付行政管理费用。

财务总监将 1 M 放在"管理费用"处,并在"现金流量表"中做相应的记录。

(13)季末现金对账。

财务总监将"现金流量表"中的收入和支出分别汇总,计算出现金余额,并盘点现金,进行核对。第一年第二季度现金的流量见表 4-18。

表 4-18　第一年第二季度现金流量表

单位:百万元

操作顺序		项　目	1 季度	2 季度	3 季度	4 季度
年初	1	新年度规划会议				
	2	支付上年应交税	3			
	3	广告费	4			
	4	参加订货会/登记销售订单				

续表

操作顺序		项　目	1 季度	2 季度	3 季度	4 季度
年中	1	季初现金余额	24	18		
	2	应收款到期（＋）				
	3	变卖生产线（＋）				
	4	变卖原料/产品（＋）				
	5	变卖厂房（＋）				
	6	短期贷款（＋）				
	7	归还短贷及利息				
	8	贴现费用				
	9	高利贷贷款（＋）				
	10	归还高利贷及利息				
	11	原料采购支付现金		1		
	12	成品采购支付现金				
	13	设备改造费				
	14	生产线投资		5		
	15	加工费用	2	1		
	16	产品研发	3	3		
	17	行政管理费	1	1		
	18	其他				
	19	收入总计	0	0		
	20	支出总计	6	11		
	21	季末现金余额	18	7		
年末	1	长期贷款				
	2	归还长期贷款及利息				
	3	设备维修费				
	4	租金				
	5	购买新建筑				
	6	计提折旧				
	7	市场开拓投资				
	8	ISO 认证投资				
	9	年末现金对账				
	10	关账				

第一年第二季度经营结束。

3. 第一年第三个经营周期

（1）更新短期贷款/短期贷款还本付息/申请短期贷款。

本期无此业务。

（2）更新应付款/归还应付款。

本期无此业务。

（3）更新原料订单/原材料入库。

本期无此业务。

（4）下原料订单。

采购总监向指导教师申领 1 个 M1 的黄色币，并放在"原材料订单"中与"原材料库"中"M1 原材料库"相对应的"1Q"区域内。

（5）更新生产/完工入库。

将第二条生产线（手工）上的在制品推移到第三个生产期中，将第三条生产线（手工）上的在制品推移到第三个生产期中，将第四条生产线（半自动）上的在制品推移到第二个生产期中。

此时"成品库"的"Beryl 成品库"中共有 2 个 Beryl。

（6）投资新生产线/生产线转产/变卖生产线。

生产总监向财务总监申请本期的投资资金 5 M 元放在安装中的生产线上，财务总监在"现金流量表"中做相应的记录。

（7）开始下一批生产。

本期无此业务。

（8）产品研发投资。

销售总监按期向财务总监申请 3 M 的研发经费，放在"产品研发"区中相应的产品的投资期处。财务总监在"现金流量表"中做相应的记录。

（9）更新应收款/应收款收现。

财务总监将代表一账期"应收款"的 16 M 红色币向"现金"方向推进一格，移至"现金"处，并将 16 M 红色币交给指导教师，换取 16 M 的现金，并在"现金流量表"中做相应的记录。

（10）按订单交货。

本期无此业务。

（11）出售/抵押厂房。

本期无此业务。

（12）支付行政管理费用。

财务总监将 1 M 放在"管理费用"处，并在"现金流量表"中做相应的记录。

（13）季末现金对账。

财务总监将"现金流量表"中的收入和支出分别汇总，计算出现金余额，并盘点现金，进行核对。

第一年第三季度现金的流量见表 4-19。

表 4-19　第一年第三季度现金流量表

单位：百万元

操作顺序		项　目	1 季度	2 季度	3 季度	4 季度
年初	1	新年度规划会议				
	2	支付上年应交税	3			
	3	广告费	4			
	4	参加订货会/登记销售订单				

续表

操作顺序		项　目	1 季度	2 季度	3 季度	4 季度
年中	1	季初现金余额	24	18	7	
	2	应收款到期（＋）			16	
	3	变卖生产线（＋）				
	4	变卖原料/产品（＋）				
	5	变卖厂房（＋）				
	6	短期贷款（＋）				
	7	归还短贷及利息				
	8	贴现费用				
	9	高利贷贷款（＋）				
	10	归还高利贷及利息				
	11	原料采购支付现金		1		
	12	成品采购支付现金				
	13	设备改造费				
	14	生产线投资		5	5	
	15	加工费用	2	1		
	16	产品研发	3	3	3	
	17	行政管理费	1	1	1	
	18	其他				
	19	收入总计	0	0	16	
	20	支出总计	6	11	9	
	21	季末现金余额	18	7	14	
年末	1	长期贷款				
	2	归还长期贷款及利息				
	3	设备维修费				
	4	租金				
	5	购买新建筑				
	6	计提折旧				
	7	市场开拓投资				
	8	ISO 认证投资				
	9	年末现金对账				
	10	关账				

第一年第三季度经营结束。

4. 第一年第四个经营周期

（1）更新短期贷款/短期贷款还本付息/申请短期贷款。

短期贷款只能在每个季度的开始时申请,财务总监根据本企业的资金需求计划到银行(指导教师代理)办理 20 M 的贷款申请,将贷到的现金(20 个灰色币)放到沙盘的"现金"中正常使用,将同样金额的应收账款(2 个 10 M 红色币)放到沙盘中"短贷"的"4Q"账期中。

(2)更新应付款/归还应付款。

本期无此业务。

(3)更新原料订单/原材料入库。

采购总监将代表原材料订单的 1 个 M1 的黄色币和代表原材料款的 1 M 灰色币一起交给指导教师,换取 1 个代表原材料 M1 的蓝色币,并放到"原材料库"中"M1 原材料库"区域。

(4)下原料订单。

采购总监向指导教师申领 1 个 M2 的黄色币,并放在"原材料订单"中与"原材料库"中"M2 原材料库"相对应的"1Q"区域内。

(5)更新生产/完工入库。

将第二条生产线(手工)上的在制品放入"成品库"的"Beryl 成品库"中,将第三条生产线(手工)上的在制品放入"成品库"的"Beryl 成品库"中,将第四条生产线(半自动)上的在制品放入"成品库"的"Beryl 成品库"中。

此时"成品库"的"Beryl 成品库"中共有 5 个 Beryl。

(6)投资新生产线/生产线转产/变卖生产线。

生产总监向财务总监申请本期的投资资金 5 M 放在安装中的生产线上,财务总监在"现金流量表"中做相应的记录。

根据年初的计划拟建设两条新生产线。生产总监先将原有的生产线 2 区和生产线 3 区位置上的手工生产线出售给市场(指导教师),将这两条手工生产线的残值放在"折旧费"中,然后向市场(指导教师)申领两条全自动生产线的标识牌,以及一个 Beryl 和 Ruby 的标识牌,将生产线背面向上地放置在厂房中生产线 2 区和生产线 3 区的位置,并将 Beryl 和 Ruby 的标识牌放在生产线上方,最后按照全自动生产线所需的建设周期和经费,向财务总监申请本期的投资资金 10 M 分别放在两条新的生产线上,财务总监在"现金流量表"中做相应的记录。

(7)开始下一批生产。

生产总监从原材料库中取出 1 个 M1 的原材料,再向财务总监申请 1 M 的加工费,组成 1 个 Beryl 在制品,放在第四条生产线(半自动)上的第一个生产期中。财务总监在"现金流量表"中做相应的记录。

(8)产品研发投资。

销售总监按期向财务总监申请 3 M 的研发经费,放在"产品研发"区中相应的产品的投资期处。财务总监在"现金流量表"中做相应的记录。

(9)更新应收款/应收款收现。

本期无此业务。

(10)按订单交货。

本期无此业务。

(11)出售/抵押厂房。

本期无此业务。

(12)支付行政管理费用。

财务总监将 1 M 放在"管理费用"处,并在"现金流量表"中做相应的记录。

(13)季末现金对账。

财务总监将"现金流量表"中的收入和支出分别汇总,计算出现金余额,并盘点现金,进行核对。

第一年第四季度现金的流量见表4-20。

表4-20 第一年第四季度现金流量表

单位:百万元

操作顺序		项 目	1季度	2季度	3季度	4季度
年初	1	新年度规划会议				
	2	支付上年应交税	3			
	3	广告费	4			
	4	参加订货会/登记销售订单				
年中	1	季初现金余额	24	18	7	14
	2	应收款到期(+)			16	
	3	变卖生产线(+)				
	4	变卖原料/产品(+)				
	5	变卖厂房(+)				
	6	短期贷款(+)				20
	7	归还短贷及利息				
	8	贴现费用				
	9	高利贷贷款(+)				
	10	归还高利贷及利息				
	11	原料采购支付现金		1		1
	12	成品采购支付现金				
	13	设备改造费				
	14	生产线投资		5	5	15
	15	加工费用	2	1		
	16	产品研发	3	3	3	3
	17	行政管理费	1	1	1	1
	18	其他				
	19	收入总计	0	0	16	20
	20	支出总计	6	11	9	21
	21	季末现金余额	18	7	14	13
年末	1	长期贷款				
	2	归还长期贷款及利息				
	3	设备维修费				
	4	租金				
	5	购买新建筑				
	6	计提折旧				

续表

操作顺序		项　目	1 季度	2 季度	3 季度	4 季度
年末	7	市场开拓投资				
	8	ISO 认证投资				
	9	年末现金对账				
	10	关账				

第一年第四季度经营结束。

从此时开始不再接受原材料订单和贷款申请,也不再接受产品交货,各组开始年末结算。

三、年末工作阶段

(1)支付长期贷款利息/更新长期贷款/申请长期贷款。

长期贷款只能在每年年末申请,财务总监根据本企业的资金需求计划到银行(指导教师代理)办理 30 M 4 年期和 20 M 3 年期的长期贷款申请,将贷到的现金(50 个灰色币)放到沙盘的"现金"中正常使用,将 2 个 10 M 红色币放到沙盘中"长贷"的"3Y"账期中,将 3 个 10 M 红色币放到沙盘中"长贷"的"4Y"账期中。

(2)支付设备维修费。

目前有一条使用中的生产线,另外第四季度出售的两条手工生产线也需要支付维修费,财务总监将 3 M 放在"维修费"处,并在"现金流量表"中做相应的记录。

(3)支付租金(或购买建筑)。

本期无此业务。

(4)计提折旧。

生产总监从沙盘中手工线上方的净值中各取 1 M 折旧费放在折旧费处,从半自动生产线上方的净值中取出 2 M 的折旧费,放在"折旧费"处。

(5)新市场开拓投资/ISO 资格认证投资。

销售总监按年初的市场开拓计划向财务总监申请市场开拓费用 3 M,放在要开拓的市场区域中,并在"现金流量表"中做相应的记录。其中区域市场已完成开拓,在指导教师处申领相应的市场准入证,在下一年度可进入该市场销售。

(6)关账。

财务总监汇总现金流量表,编制综合管理费用明细表、资产负债表和利润表,提交指导教师审核,并录入登记表中作为下年企业申请贷款和最终成绩评定的依据。第一年年末现金的流量见表 4-21。

表 4-21　第一年年末现金流量表

单位:百万元

操作顺序		项　目	1 季度	2 季度	3 季度	4 季度
年初	1	新年度规划会议				
	2	支付上年应交税	3			
	3	广告费	4			
	4	参加订货会/登记销售订单				

续表

操作顺序		项 目	1 季度	2 季度	3 季度	4 季度
年中	1	季初现金余额	24	18	7	14
	2	应收款到期(+)			16	
	3	变卖生产线(+)				
	4	变卖原料/产品(+)				
	5	变卖厂房(+)				
	6	短期贷款(+)				20
	7	归还短贷及利息				
	8	贴现费用				
	9	高利贷贷款(+)				
	10	归还高利贷及利息				
	11	原料采购支付现金		1		1
	12	成品采购支付现金				
	13	设备改造费				
	14	生产线投资		5	5	15
	15	加工费用	2	1		1
	16	产品研发	3	3	3	3
	17	行政管理费	1	1	1	1
	18	其他				
	19	收入总计	0	0	16	20
	20	支出总计	6	11	9	21
	21	季末现金余额	18	7	14	13
年末	1	长期贷款				
	2	归还长期贷款及利息				
	3	设备维修费				3
	4	租金				
	5	购买新建筑				
	6	计提折旧				5
	7	市场开拓投资				3
	8	ISO 认证投资				
	9	年末现金对账				57
	10	关账				

第一年的综合管理费用明细表、利润表和资产负债表,分别见表 4-22 至表 4-24。

表 4-22　第一年综合管理费用明细表

单位:百万元

项　目	金　额
行政管理费	4
广告费	4
设备维修费	3
设备改造费	0
租金	0
产品研发	12
市场开拓	3
ISO 认证	0
其他	0
合　计	26

表 4-23　第一年利润表

单位:百万元

项　目	上一年	本　年
一、销售收入	36	16
减:成本	12	6
二、毛利	24	10
减:综合费用	9	26
折旧	5	5
财务净损益	-1	0
三、营业利润	9	-21
加:营业外净收益	0	0
四、利润总额	9	-21
减:所得税	3	0
五、净利润	6	-21

表 4-24　第一年资产负债表

年　月　日

单位:百万元

资　产	年初数	期末数	负债及所有者权益	年初数	期末数
流动资产:			负债:	0	20
现金	31	57	短期负债	0	0
应收账款	0	0	应付账款	3	0
原材料	2	0	应交税金	0	50
产成品	6	10	长期负债		
在制品	4	2			
流动资产合计	43	69	负债合计	3	70
固定资产:			所有者权益:		
土地建筑原价	40	40	股东资本	70	70
机器设备净值	7	2	以前年度利润	11	17
在建工程	0	25	当年净利润	6	-21
固定资产合计	47	67	所有者权益合计	87	66
资产总计	90	136	负债及权益总计	90	136

　　企业经营团队总结本年度的各项工作。同时,指导教师取走沙盘上企业支出的各项费用。第一年经营结束,指导教师对整体情况进行总结,并进行知识点补充。

任务五　ERP 沙盘企业模拟对抗第二年

一、年初工作阶段

　　第二个经营年度开始。首先,仍然由 CEO 主持召开企业经营决策会议,制订企业工作

计划。

第二年重要决策见表 4-25。

表 4-25　第二年重要决策

1 季度	2 季度	3 季度	4 季度	年　底
争夺区域市场的老大地位,继续研发 Ruby 产品	完成研发 Ruby 产品		购买一条全自动生产线替换原有半自动生产线	继续开拓国内和亚洲市场,进行 ISO 9000 和 ISO 14000 的认证

指导教师宣布时间,要求 5 分钟之内各企业的销售总监提交广告投放方案,准备召开第二年的订货会。A 企业的广告投放方案见表 4-26。

表 4-26　A 企业的广告投放方案(第二年)

市场类别	Beryl	Crystal	Ruby	Saphire
本　地			3 M	
区　域	1 M	8 M		
国　内				
亚　洲				
国　际				

指导教师将各个企业提交的广告投放方案录入到"企业经营实战演练—市场排名"工具中,系统将自动完成排名。各企业的销售总监按排名顺序选取产品订单。

根据 A 企业的排名,A 企业取得区域市场的市场老大地位,销售总监拿到的订单如图 4-11 和图 4-12 所示。

<table>
<tr><td>Crystal　(Y2,区域)
3×10.0 M=30 M
账期:2Q　交货: Q4</td><td>Beryl　(Y2,区域)
1×5.0 M=5.0 M
账期:1Q　交货: Q2</td></tr>
</table>

图 4-11　A 企业第二年销售订单(1)　　　图 4-12　A 企业第二年销售订单(2)

A 公司的 CEO 按照任务清单的顺序领导小组成员开始经营活动。

(1)支付应付税。

本期无此业务。

(2)支付广告费。

财务总监取出 12 M 的现金(灰色币)放在沙盘的"广告费"处,并在"现金流量表"中做好记录。

(3)参加订货会/登记销售订单。

销售总监根据订单及时地进行"订单"表登记,如表 4-27 所示。

表 4-27 第二年订单(取得)

项　目	1	2	3	4	5	6	合计
市场	区域	区域					
产品名称	Crystal	Beryl					
账期	2Q	1Q					
交货期	Q4	Q2					
单价	10.0 M	5.0 M					
订单数量	3	1					
订单销售额	30.0 M	5.0 M					
成本							
毛利							

CEO 主持进行讨论,重点是各个部门每个季度具体的工作安排。

二、年中工作阶段

1. 第二年第一个经营周期

(1)更新短期贷款/短期贷款还本付息/申请短期贷款。

财务总监将代表 2 000 万元贷款的红色币向"现金"方向移动一个账期,由"4Q"处移到 3Q"处。

(2)更新应付款/归还应付款。

本期无此业务。

(3)更新原料订单/原材料入库。

采购总监将代表原材料订单的 1 个 M2 的黄色币和代表原材料款的 1 M 灰色币一起交给指导教师,换取 1 个代表原材料 M2 的黄色币,并放到"原材料库"中"M1 原材料库"区域。

(4)下原料订单。

采购总监向指导教师申领 1 个 M1、1 个 M2 和 2 个 M3 的黄色币,并放在"原材料订单"中相应的区域内。

(5)更新生产/完工入库。

生产总监将第四条生产线(半自动)上的在制品推移到第二个生产期中。

此时"成品库"的"Beryl 成品库"中共有 5 个 Beryl。

(6)投资新生产线/生产线转产/变卖生产线。

生产总监向财务总监申请本期的投资资金 10 M 放在两条安装中的全自动生产线上,财务总监在"现金流量表"中做相应的记录。

(7)开始下一批生产。

将已安装完成的全自动生产线翻转过来,现在有两条闲置的生产线,因此,生产总监按照产品结构从原材料库中取出 1 个 M2 的原材料和一个已完工的 Beryl 产品,再向财务总监申请 1 M 的加工费,组成 1 个 Crystal 在制品,放在第一条生产线(全自动)上。财务总监在"现金流量表"中做相应的记录。

(8)产品研发投资。

销售总监根据年初制定的产品研发计划,按期向财务总监申请 2 M 的研发经费,放在"产品研发"区中相应产品的投资期处。财务总监在"现金流量表"中做相应的记录。

(9)更新应收款/应收款收现。

本期无此业务。

(10)按订单交货。

本期无此业务。

(11)出售/抵押厂房。

本期无此业务。

(12)支付行政管理费用。

财务总监将1 M放在"管理费用"处,并在"现金流量表"中做相应的记录。

(13)季末现金对账。

财务总监将"现金流量表"中的收入和支出分别汇总,计算出现金余额,并盘点现金,进行核对。第二年第一季度现金的流量见表4-28。

表 4-28　第二年第一季度现金流量表

单位:百万元

操作顺序		项　目	1季度	2季度	3季度	4季度
年初	1	新年度规划会议				
	2	支付上年应交税	0			
	3	广告费	12			
	4	参加订货会/登记销售订单				
年中	1	季初现金余额	45			
	2	应收款到期(＋)				
	3	变卖生产线(＋)				
	4	变卖原料/产品(＋)				
	5	变卖厂房(＋)				
	6	短期贷款(＋)				
	7	归还短贷及利息				
	8	贴现费用				
	9	高利贷贷款(＋)				
	10	归还高利贷及利息				
	11	原料采购支付现金	1			
	12	成品采购支付现金				
	13	设备改造费				
	14	生产线投资	10			
	15	加工费用	1			
	16	产品研发	2			
	17	行政管理费	1			
	18	其他				
	19	收入总计	0			
	20	支出总计	15			
	21	季末现金余额	30			

操作顺序		项　目	1季度	2季度	3季度	4季度
年末	1	长期贷款				
	2	归还长期贷款及利息				
	3	设备维修费				
	4	租金				
	5	购买新建筑				
	6	计提折旧				
	7	市场开拓投资				
	8	ISO认证投资				
	9	年末现金对账				
	10	关账				

第二年第一季度经营结束。

2. 第二年第二个经营周期

（1）更新短期贷款/短期贷款还本付息/申请短期贷款。

财务总监将代表 2 000 万元贷款的红色币向"现金"方向移动一个账期，由"3Q"处移到"2Q"处。

（2）更新应付款/归还应付款。

本期无此业务。

（3）更新原料订单/原材料入库。

采购总监将代表原材料订单的 2 个 M3 的黄色币向原材料库方向推到"1Q"，再将 1 个 M1 和 1 个 M2 的黄色币和代表原材料款的 2 M 灰色币一起交给指导教师，换取 1 个 M1 和 1 个 M2 的蓝色币，并放到"原材料库"中相应区域。

（4）下原料订单。

采购总监向指导教师申领 1 个 M1、2 个 M2 和 2 个 M3 的黄色币，并放在"原材料订单"中相对应的区域内。

（5）更新生产/完工入库。

生产总监将第一条生产线（全自动）上的在制品放入"成品库"的"Crystal 成品库"中，将第四条生产线（半自动）上的在制品放入"成品库"的"Beryl 成品库"中。

此时"成品库"中共有 5 个 Beryl 和 1 个 Crystal。

（6）投资新生产线/生产线转产/变卖生产线。

生产总监向财务总监申请本期的投资资金 10 M 放在两条安装中的全自动生产线上，财务总监在"现金流量表"中做相应的记录。

（7）开始下一批生产。

生产总监按照产品结构从原材料库中取出 1 个 M2 的原材料和一个已完工的 Beryl 产品，向财务总监申请 1 M 的加工费，组成 1 个 Crystal 在制品，放在第一条生产线（全自动）上。再从原材料库中取出 1 个 M1 的原材料，向财务总监申请 1 M 的加工费，组成 1 个 Beryl 在制

品,放在第四条生产线(半自动)上的第一个生产期中。财务总监在"现金流量表"中做相应的记录。

(8)产品研发投资。

销售总监按期向财务总监申请 2 M 的研发经费,放在"产品研发"区中相应的产品的投资期处。财务总监在"现金流量表"中做相应的记录。

(9)更新应收款,应收款收现。

本期无此业务。

(10)按订单交货。

销售总监向区域市场(区域)的客户交 1 个 Beryl 产品,同时完成订单表的登记(见表 4-29)。这个 Beryl 产品的单价为 5.0 M,货款不是现金而是 1 个账期(1Q)的应收账款。财务总监将销售总监带回的 5 M 红色币放入"应收款"的"1Q"处。

表 4-29　第二年订单(部分完成)

项　目	1	2	3	4	5	6	合计
市场	区域	区域					
产品名称	Crystal	Beryl					
账期	2Q	1Q					
交货期	Q4	Q2					
单价	10.0 M	5.0 M					
订单数量	3	1					
订单销售额	30.0 M	5.0 M					5.0 M
成本		2.0 M					2.0 M
毛利		3.0 M					3.0 M

(11)出售/抵押厂房。

本期无此业务。

(12)支付行政管理费用。

财务总监将 1 M 放在"管理费用"处,并在"现金流量表"中做相应的记录。

(13)季末现金对账。

财务总监将"现金流量表"中的收入和支出分别汇总,计算出现金余额,并盘点现金,进行核对。第二年第二季度流量见表 4-30。

表 4-30　第二年第二季度现金流量表

单位:百万元

操作顺序		项　目	1 季度	2 季度	3 季度	4 季度
年初	1	新年度规划会议				
	2	支付上年应交税	0			
	3	广告费	12			
	4	参加订货会/登记销售订单				

续表

操作顺序		项　目	1季度	2季度	3季度	4季度
年中	1	季初现金余额	45	30		
	2	应收款到期（＋）				
	3	变卖生产线（＋）				
	4	变卖原料/产品（＋）				
	5	变卖厂房（＋）				
	6	短期贷款（＋）				
	7	归还短贷及利息				
	8	贴现费用				
	9	高利贷贷款（＋）				
	10	归还高利贷及利息				
	11	原料采购支付现金	1	2		
	12	成品采购支付现金				
	13	设备改造费				
	14	生产线投资	10	10		
	15	加工费用	1	2		
	16	产品研发	2	2		
	17	行政管理费	1	1		
	18	其他				
	19	收入总计	0	0		
	20	支出总计	15	17		
	21	季末现金余额	30	13		
年末	1	长期贷款				
	2	归还长期贷款及利息				
	3	设备维修费				
	4	租金				
	5	购买新建筑				
	6	计提折旧				
	7	市场开拓投资				
	8	ISO 认证投资				
	9	年末现金对账				
	10	关账				

3. 第二年第三个经营周期

（1）更新短期贷款/短期贷款还本付息/申请短期贷款。

财务总监将代表 2 000 万元贷款的红色币向"现金"方向移动一个账期，由"2Q"处移到

"1Q"处。同时,向银行申请新的 2 000 万元短期贷款,放在"短贷"的"4Q"处。

(2)更新应付款/归还应付款。

本期无此业务。

(3)更新原料订单/原材料入库。

采购总监将代表原材料订单的 2 个 M3 的黄色币向原材料库方向推到"1Q",再将 1 个 M1、2 个 M2 和 2 个 M3 的黄色币交给指导教师,换取 1 个 M1、2 个 M2 和 2 个 M3 的蓝色币以及 5 M 元应付账款(红色币),并放到"原材料库"和"应付款"中的 Q1 区域。

(4)下原料订单。

采购总监向指导教师申领 1 个 M1、2 个 M2 和 2 个 M3 的黄色币,并放在"原材料订单"中相对应的区域内。

(5)更新生产/完工入库。

生产总监将第一条生产线(全自动)上的在制品放入"成品库"的"Crystal 成品库"中,将第四条生产线(半自动)上的在制品推移到第二个生产期中。

此时"成品库"中共有 3 个 Beryl 和 2 个 Crystal。

(6)投资新生产线/生产线转产/变卖生产线。

本期无此业务。

(7)开始下一批生产。

将已安装完成的全自动生产线翻转过来,现在有三条闲置的生产线,生产总监按照产品结构从原材料库中取出 1 个 M2 的原材料和一个已完工的 Beryl 产品,向财务总监申请 1 M 的加工费,组成 1 个 Crystal 在制品,放在第一条生产线(全自动)上。从原材料库中取出 1 个 M1 的原材料,向财务总监申请 1 M 的加工费,组成 1 个 Beryl 在制品,放在第二条生产线(全自动)上。从原材料库中取出 1 个 M2 和 2 个 M3 的原材料,向财务总监申请 1 M 的加工费,组成 1 个 Ruby1 在制品,放在第三条生产线(全自动)上。财务总监在"现金流量表"中做相应的记录。

(8)产品研发投资。

本期无此业务。

(9)更新应收款/应收款收现。

财务总监将代表一账期"应收款"的 5 M 红色币移至"现金"处,再将 5 M 红色币交给指导教师,换取 5 M 的现金,并在"现金流量表"中做相应的记录。

(10)按订单交货。

本期无此业务。

(11)出售/抵押厂房。

本期无此业务。

(12)支付行政管理费用。

财务总监将 1 M 放在"管理费用"处,并在"现金流量表"中做相应的记录。

(13)季末现金对账。

财务总监将"现金流量表"中的收入和支出分别汇总,计算出现金余额,并盘点现金,进行核对。第二年第三季度的流量见表 4-31。

表 4-31　第二年第三季度现金流量表

单位:百万元

操作顺序		项　目	1季度	2季度	3季度	4季度
年初	1	新年度规划会议				
	2	支付上年应交税	0			
	3	广告费	12			
	4	参加订货会/登记销售订单				
年中	1	季初现金余额	45	30	13	
	2	应收款到期(＋)				
	3	变卖生产线(＋)				
	4	变卖原料/产品(＋)				
	5	变卖厂房(＋)				
	6	短期贷款(＋)			20	
	7	归还短贷及利息				
	8	贴现费用				
	9	高利贷贷款(＋)				
	10	归还高利贷及利息				
	11	原料采购支付现金	1	2		
	12	成品采购支付现金				
	13	设备改造费				
	14	生产线投资	10	10		
	15	加工费用	1	2	3	
	16	产品研发	2	2		
	17	行政管理费	1	1	1	
	18	其他				
	19	收入总计	0	0	25	
	20	支出总计	15	17	4	
	21	季末现金余额	30	13	34	
年末	1	长期贷款				
	2	归还长期贷款及利息				
	3	设备维修费				
	4	租金				
	5	购买新建筑				
	6	计提折旧				
	7	市场开拓投资				
	8	ISO认证投资				
	9	年末现金对账				
	10	关账				

4. 第二年第四个经营周期

(1)更新短期贷款/短期贷款还本付息/申请短期贷款。

财务总监将代表两笔贷款的红色币向"现金"方向移动一个账期,将已到期的 20 M 短期贷款归还给银行,1 M 放在"利息"中。同时,向银行申请新的 20 M 短期贷款。

(2)更新应付款/归还应付款。

财务总监将放在沙盘"应付款"中的红色币分别向"现金"方向移动一个账期,当移至"现金"中时,代表该笔应付款到期。财务总监将代表应付款的 5 M 红色币和用于偿还的 5 M 灰色币一起交付给供应商(指导教师代理)。财务总监在"现金流量表"中做相应的记录。

(3)更新原料订单/原材料入库。

采购总监将代表原材料订单的 2 个 M3 的黄色币向原材料库方向推到"1Q",再将 1 个 M1、2 个 M2 和 2 个 M3 的黄色币交给指导教师,换取 1 个 M1、2 个 M2 和 2 个 M3 的蓝色币以及 5 M 的应付账款(红色币),并放到"原材料库"和"应付款"中的 Q1 区域。

(4)下原料订单。

采购总监向指导教师申领 1 个 M1、2 个 M2 和 2 个 M3 的黄色币,并放在"原材料订单"中相对应的区域内。

(5)更新生产/完工入库。

生产总监将第一条生产线(全自动)上的在制品放入"成品库"的"Crystal 成品库"中,将第二条生产线(全自动)上和第四条生产线(半自动)上的在制品放入"成品库"的"Beryl 成品库"中,将第三条生产线(全自动)上的在制品放入"成品库"的"Ruby 成品库"中。

(6)投资新生产线/生产线转产/变卖生产线。

根据年初的计划拟建设一条新生产线。生产总监先将原有的生产线 4 区位置上的半自动生产线出售给市场(指导教师),收取 2 M 的现金(将这 2 M 放入"折旧费"中)。然后向市场(指导教师)申领一条全自动生产线的标识牌和一个 Ruby 的标识牌,将生产线翻转地放置在厂房中生产线 4 区的位置,并将 Ruby 的标识牌放在生产线上方,最后按照全自动生产线所需的建设周期和经费,向财务总监申请本期的投资资金 5 M 放在该生产线上。财务总监在"现金流量表"中做相应的记录。

(7)开始下一批生产。

现在有三条闲置的生产线,生产总监按照产品结构从原材料库中取出 1 个 M2 的原材料和一个已完工的 Beryl 产品,向财务总监申请 1 M 的加工费,组成 1 个 Crystal 在制品放在第一条生产线(全自动)上。从原材料库中取出 1 个 M1 的原材料,向财务总监申请 1 M 的加工费,组成 1 个 Beryl 在制品,放在第二条生产线(全自动)上。从原材料库中取出 1 个 M2 和 2 个 M3 原材料,向财务总监申请 1 M 的加工费,组成 1 个 Ruby 在制品,放在第三条生产线(全自动)上。财务总监在"现金流量表"中做相应的记录。

(8)产品研发投资。

本期无此业务。

(9)更新应收款/应收款收现。

本期无此业务。

(10)按订单交货。

销售总监向区域市场(区域)的客户(指导教师)交 3 个 Crystal 产品,同时完成订单表的登记(见表 4-32)。每个 Crystal 产品的单价为 10 M,总价合计 30 M,货款不是现金而是 2 个账期(2Q)的应收账款。财务总监将销售总监带回的 30 M 的红色币放入"应收款"的 "2Q"处。

表 4-32　第二年订单(完成)

项　目	1	2	3	4	5	6	合计
市场	区域	区域					
产品名称	Crystal	Beryl					
账期	2Q	1Q					
交货期	Q4	Q2					
单价	10.0 M	5.0 M					
订单数量	3	1					
订单销售额	30.0 M	5.0 M					35.0 M
成本	12 M	2.0 M					14.0 M
毛利	18 M	3.0 M					21.0 M

(11)出售/抵押厂房。

本期无此业务。

(12)支付行政管理费用。

财务总监将 1 M 放在"管理费用"处,并在"现金流量表"中做相应的记录。

(13)季末现金对账。

财务总监将"现金流量表"中的收入和支出分别汇总,计算出现金余额,并盘点现金,进行核对。第二年第四季度现金的流量见表 4-33。

表 4-33　第二年第四季度现金流量表

单位:百万元

操作顺序		项　目	1 季度	2 季度	3 季度	4 季度
年初	1	新年度规划会议				
	2	支付上年应交税	0			
	3	广告费	12			
	4	参加订货会/登记销售订单				
年中	1	季初现金余额	45	30	13	34
	2	应收款到期(+)				
	3	变卖生产线(+)				
	4	变卖原料/产品(+)				
	5	变卖厂房(+)				
	6	短期贷款(+)			20	20
	7	归还短贷及利息				21
	8	贴现费用				
	9	高利贷贷款(+)				

续表

操作顺序		项　目	1 季度	2 季度	3 季度	4 季度
年中	10	归还高利贷及利息				
	11	原料采购支付现金	1	2		5
	12	成品采购支付现金				
	13	设备改造费				
	14	生产线投资	10	10		5
	15	加工费用	1	2	3	3
	16	产品研发	2	2		
	17	行政管理费	1	1	1	1
	18	其他				
	19	收入总计	0.	0	25	20
	20	支出总计	15	17	4	35
	21	季末现金余额	30	13	34	19
年末	1	长期贷款				
	2	归还长期贷款及利息				
	3	设备维修费				
	4	租金				
	5	购买新建筑				
	6	计提折旧				
	7	市场开拓投资				
	8	ISO 认证投资				
	9	年末现金对账				
	10	关账				

第二年第四季度经营结束。

从此时开始不再接受原材料订单和贷款申请，也不再接受产品交货，各组开始年末结算。

三、年末工作阶段

1. 支付长期贷款利息/更新长期贷款/申请长期贷款

财务总监将两笔长期贷款分别向"现金"方向推一格，支付长期贷款利息 5 M，放在"利息"中。同时申请新的四年期长期贷款 20 M。

2. 支付设备维修费

目前有三条使用中的全自动生产线，另第四季度出售的半自动生产线也需要支付维修费，财务总监将 7 M 放在"维修费"处，并在"现金流量表"中做相应的记录。

3. 支付租金(或购买建筑)

本期无此业务。

4. 计提折旧

新增设备当年不提折旧，但当年出售的设备仍需要提折旧。所以本年第四季度出售的生产线应计提 2 M 的折旧费。该笔费用直接计入"利润表"中"折旧"项的"本年"栏中。

5. 新市场开拓投资/ISO 资格认证投资

销售总监按年初的市场开拓计划向财务总监申请市场开拓费用 2 M,放在要开拓的市场区域中,并在"现金流量表"中做相应的记录。其国内市场已完成开拓,在指导教师处申领相应的市场准入证,在下一年度可进入该市场销售。再向财务总监申请 ISO 体系认证费用 2 M,放在 ISO 9000 和 ISO 14000 相应的区域中。

6. 关账

财务总监汇总现金流量表,编制综合管理费用明细表、资产负债表和利润表,提交指导教师审核,并录入登记表中作为下年企业申请贷款和最终成绩评定的依据。第二年年末现金的流量见表 4-34。

表 4-34　第二年年末现金流量表

单位:百万元

操作顺序		项　目	1 季度	2 季度	3 季度	4 季度
年初	1	新年度规划会议				
	2	支付上年应交税	0			
	3	广告费	12			
	4	参加订货会/登记销售订单				
年中	1	季初现金余额	45	30	13	34
	2	应收款到期(+)				
	3	变卖生产线(+)				
	4	变卖原料/产品(+)				
	5	变卖厂房(+)				
	6	短期贷款(+)			20	20
	7	归还短贷及利息				21
	8	贴现费用				
	9	高利贷贷款(+)				
	10	归还高利贷及利息				
	11	原料采购支付现金	1	2		5
	12	成品采购支付现金				
	13	设备改造费				
	14	生产线投资	10	10		5
	15	加工费用	1	2	3	3
	16	产品研发	2	2		
	17	行政管理费	1	1	1	1
	18	其他				
	19	收入总计	0	0	25	20
	20	支出总计	15	17	4	35
	21	季末现金余额	30	13	34	19

续表

操作顺序		项　目	1季度	2季度	3季度	4季度
年末	1	长期贷款				20
	2	归还长期贷款及利息				5
	3	设备维修费				7
	4	租金				
	5	购买新建筑				
	6	计提折旧				2
	7	市场开拓投资				2
	8	ISO 认证投资				2
	9	年末现金对账				23
	10	关账				

第二年的综合管理费用明细表、利润表和资产负债表，分别见表 4-35 至表 4-37。

表 4-35　第二年综合管理费用明细表

单位：百万元

项　目	金　额
行政管理费	4
广告费	12
设备维修费	7
设备改造费	0
租金	0
产品研发	4
市场开拓	2
ISO 认证	2
其他	0
合计	31

表 4-36　第二年利润表

单位：百万元

项　目	上一年	本　年
一、销售收入	16	35
减：成本	6	14
二、毛利	10	21
减：综合费用	26	31
折旧	5	2
财务净损益	0	−6
三、营业利润	−21	−18
加：营业外净收益	0	0
四、利润总额	−21	−18
减：所得税	0	0
五、净利润	−21	−18

表 4-37　第二年资产负债表

年　月　日						单位：百万元
资　产	年初数	期末数	负债及所有者权益	年初数	期末数	
流动资产：			负债			
现金	57	23	短期负债	20	40	
应收帐款	0	30	应付帐款	0	0	
原材料	0	0	应交税金	0	0	
产成品	10	10	长期负债	50	70	
在制品	2	10				

续表

资　产	年初数	期末数	负债及所有者权益	年初数	期末数
流动资产合计	69	73	负债合计	70	115
固定资产：			所有者权益：		
土地建筑原价	40	40	股东资本	70	70
机器设备净值	2	0	以前年度利润	17	−4
在建工程	25	50	当年净利润	−21	−18
固定资产合计	67	90	所有者权益合计	66	48
资产总计	136	163	负债及权益总计	136	163

　　企业经营团队总结本年度的各项工作。同时，指导教师取走沙盘上企业支出的各项费用。第二年经营结束，指导教师对整体情况进行总结，并进行知识点补充。

任务六　ERP 沙盘企业模拟对抗第三年

一、年初工作阶段

　　第三个经营年度即将开始。首先，仍然由 CEO 主持召开企业经营决策会议，制定企业工作计划。第三年重要决策见表 4-38。

表 4-38　第三年重要决策

1 季度	2 季度	3 季度	4 季度	年底
继续投资生产线		注意资金流考虑贴现	力争完成生产线的安装	继续开拓亚洲市场，进行 ISO 14000 的认证

　　指导教师宣布时间，要求 5 分钟之内各企业的销售总监提交广告投放方案，准备召开第三年的订货会。A 企业的广告投放方案见表 4-39。

表 4-39　A 企业的广告投放方案（第三年）

市场类别	Beryl	Crystal	Ruby	Saphire
本　地	2 M	1 M		
区　域		1 M	3 M	
国　内			3 M	
亚　洲				
国　际				

　　指导教师将所有广告投放方案录入系统后，召开第三年的订货会。根据 A 企业的排名，A企业取得区域市场的市场老大地位，销售总监拿到的订单如图 4-13～图 4-17 所示。

Beryl　（Y3, 本地） 3×4.4 M=13 M 账期：2Q　交货：Q3	Crystal　（Y3, 本地） 1×12 M=12 M 账期：1Q　交货：Q3

图 4-13　A 企业第三年销售订单(1)　　　图 4-14　A 企业第三年销售订单(2)

Crystal　　（Y3, 本地）
3×10 M＝30 M
账期: 2Q　交货: Q4

图 4-15　A 企业第三年销售订单（3）

Buby　　（Y3, 区域）
2×9 M＝18 M
账期: 2Q　交货: Q2

图 4-16　A 企业第三年销售订单（4）

Buby　　（Y3, 区域）
1×9 M＝9 M
账期: 1Q　交货: Q1

图 4-17　A 企业第三年销售订单（5）

A 企业的 CEO 按照任务清单的顺序领导小组成员开始经营活动。

1. 支付应付税

本期无此业务。

2. 支付广告费

财务总监取出 10 M 的现金（灰色币）放在沙盘的"广告费"处，并在"现金流量表"中做好记录。

3. 参加订货会/登记销售订单

销售总监根据订单及时地进行"订单"表登记，见表 4-40。

表 4-40　第三年订单（取得）

项　　目	1	2	3	4	5	6	合计
市场	本地	本地	本地	区域	区域		
产品名称	Beryl	Crystal	Crystal	Ruby	Ruby		
账期	2Q	1Q	2Q	2Q	1Q		
交货期	Q3	Q3	Q4	Q2	Q1		
单价	4.4 M	12.0 M	10.0 M	9.0 M	9.0 M		
订单数量	3	1	3	2	1		
订单销售额	13.0 M	12.0 M	30.0 M	18.0 M	9.0 M		
成本							
毛利							

CEO 主持进行讨论，重点是各个部门每个季度具体的工作安排。

二、年中工作阶段

1. 第三年第一季度经营周期

（1）更新短期贷款/短期贷款还本付息/申请短期贷款。

财务总监将代表两笔贷款的红色币向"现金"方向移动一个账期。

（2）更新应付款/归还应付款。

财务总监将代表应付款的 5 M 红色币和用于偿还的 5 M 灰色币一起交付给供应商，并在

"现金流量表"中做相应的记录。

（3）更新原料订单/原材料入库。

采购总监购买 1 个 M1、2 个 M2 和 2 个 M3 的原材料（蓝色币），并领取 5 M 的应付账款（红色币），放到"原材料库"和"应付款"中的相应区域。

（4）下原料订单。

采购总监向指导教师申领 1 个 M1、2 个 M2 和 2 个 M3 的黄色币，并放在"原材料订单"中相对应的区域内。

（5）更新生产/完工入库。

生产总监将第一、第二和第三条生产线上的在制品入库。

此时"成品库"中共有 4 个 Beryl、2 个 Crystal 和 2 个 Ruby。

（6）投资新生产线/生产线转产/变卖生产线。

本期无此业务。

（7）开始下一批生产。

第一、第二和第三条生产线开始新一轮生产。财务总监在"现金流量表"中做相应的记录。

（8）产品研发投资。

本期无此业务。

（9）更新应收款/应收款收现。

财务总监将应收账款从"2Q"移到"1Q"。

（10）按订单交货。

销售总监向区域市场（区域）的客户交 1 个 Ruby 产品，收取 1 个账期的应收款 9 M 元，同时完成订单表的登记，见表 4-41。

表 4-41　第三年订单（部分完成）

项　目	1	2	3	4	5	6	合计
市场	本地	本地	本地	区域	区域		
产品名称	Beryl	Beryl	Crystal	Ruby	Ruby		
账期	2Q	1Q	2Q	2Q	1Q		
交货期	Q3	Q3	Q4	Q2	Q1		
单价	4.4 M	12.0 M	10.0 M	9.0 M	9.0 M		
订单数量	3	1	3	2	1		
订单销售额	13.0 M	12.0 M	30.0 M	18.0 M	9.0 M		9.0 M
成本					4.0 M		4.0 M
毛利					5.0 M		5.0 M

（11）出售/抵押厂房。

本期无此业务。

（12）支付行政管理费用。

财务总监将 1 M 放在"管理费用"处，并在"现金流量表"中做相应的记录。

（13）季末现金对账。

财务总监将"现金流量表"中的收入和支出分别汇总，计算出现金余额，并盘点现金，进行核对。第三年第一季度现金的流量如表 4-42 所示。

表 4-42　第三年第一季度现金流量表

单位：百万元

操作顺序		项　目	1 季度	2 季度	3 季度	4 季度
年初	1	新年度规划会议				
	2	支付上年应交税	0			
	3	广告费	10			
	4	参加订货会/登记销售订单				
年中	1	季初现金余额	13			
	2	应收款到期（＋）				
	3	变卖生产线（＋）				
	4	变卖原料/产品（＋）				
	5	变卖厂房（＋）				
	6	短期贷款（＋）				
	7	归还短贷及利息				
	8	贴现费用				
	9	高利贷贷款（＋）				
	10	归还高利贷及利息				
	11	原料采购支付现金	5			
	12	成品采购支付现金				
	13	设备改造费				
	14	生产线投资				
	15	加工费用	3			
	16	产品研发				
	17	行政管理费	1			
	18	其他				
	19	收入总计	0			
	20	支出总计	9			
	21	季末现金余额	4			
年末	1	长期贷款				
	2	归还长期贷款及利息				
	3	设备维修费				
	4	租金				
	5	购买新建筑				
	6	计提折旧				
	7	市场开拓投资				
	8	ISO 认证投资				
	9	年末现金对账				
	10	关账				

第三年第一季度经营结束。

2. 第三年第二季度经营周期

（1）更新短期贷款/短期贷款还本付息/申请短期贷款。

财务总监将代表两笔贷款的红色币向"现金"方向移动一个账期。

（2）更新应付款/归还应付款。

财务总监将代表应付款的 5 M 红色币和用于偿还的 5 M 灰色币一起交付给供应商，并在"现金流量表"中做相应的记录（此时现金不足须贴现）。

此时的现金不足以支付这笔应付账款，我们只能考虑贴现。财务总监从"1Q"应收账款中取出 12 M 的红色币交给指导教师换取相应的现金，将 1 M 放在"贴现"处，其余的 11 M 放在"现金"处，并在"现金流量表"中做相应的记录。

（3）更新原料订单/原材料入库。

采购总监购买 1 个 M1、2 个 M2 和 2 个 M3 的原材料（蓝色币），并领取 5 M 的应付账款（红色币），放到"原材料库"和"应付款"中的相应区域。

（4）下原料订单。

采购总监向指导教师申领 1 个 M1、2 个 M2 和 2 个 M3 的黄色币，并放在"原材料订单"中相对应的"1Q"区域内。

（5）更新生产/完工入库。

生产总监将第一、第二和第三条生产线上的在制品入库。

此时"成品库"中共有 4 个 Beryl、2 个 Crystal 和 2 个 Ruby。

（6）投资新生产线/生产线转产/变卖生产线。

本期无此业务。

（7）开始下一批生产。

第一、第二和第三条生产线开始新一轮生产。财务总监在"现金流量表"中做相应的记录。

（8）产品研发投资。

本期无此业务。

（9）更新应收款/应收款收现。

财务总监收取应收账款。

（10）按订单交货。

销售总监向区域市场（区域）的客户交 2 个 Ruby 产品，收取 2 个账期的应收款 18 M，同时完成订单表的登记，见表 4-43。

表 4-43　第三年订单（部分完成）

项　目	1	2	3	4	5	6	合计
市场	本地	本地	本地	区域	区域		
产品名称	Beryl	Beryl	Crystal	Ruby	Ruby		
账期	2Q	1Q	2Q	2Q	1Q		
交货期	Q3	Q3	Q4	Q2	Q1		
单价	4.4 M	12.0 M	10.0 M	9.0 M	9.0 M		
订单数量	3	1	3	2	1		

续表

项 目	1	2	3	4	5	6	合计
订单销售额	13.0 M	12.0 M	30.0 M	18.0 M	9.0 M		27.0 M
成本				8.0 M	4.0 M		12.0 M
毛利				10.0 M	5.0 M		15.0 M

（11）出售/抵押厂房。

本期无此业务。

（12）支付行政管理费用。

财务总监将 1 M 放在"管理费用"处，并在"现金流量表"中做相应的记录。

（13）季末现金对账。

财务总监将"现金流量表"中的收入和支出分别汇总，计算出现金余额，并盘点现金，进行核对。第三年第二季度现金的流量见表 4-44。

表 4-44 第三年第二季度现金流量表

单位：百万元

操作顺序		项 目	1 季度	2 季度	3 季度	4 季度
年初	1	新年度规划会议				
	2	支付上年应交税	0			
	3	广告费	10			
	4	参加订货会/登记销售订单				
年中	1	季初现金余额	13	4		
	2	应收款到期（＋）		39		
	3	变卖生产线（＋）				
	4	变卖原料/产品（＋）				
	5	变卖厂房（＋）				
	6	短期贷款（＋）				
	7	归还短贷及利息				
	8	贴现费用		1		
	9	高利贷贷款（＋）				
	10	归还高利贷及利息				
	11	原料采购支付现金	5	5		
	12	成品采购支付现金				
	13	设备改造费				
	14	生产线投资				
	15	加工费用	3	3		
	16	产品研发				
	17	行政管理费	1	1		
	18	其他				

续表

操作顺序		项　目	1季度	2季度	3季度	4季度
年中	19	收入总计	0	39		
	20	支出总计	9	10		
	21	季末现金余额	4	33		
年末	1	长期贷款				
	2	归还长期贷款及利息				
	3	设备维修费				
	4	租金				
	5	购买新建筑				
	6	计提折旧				
	7	市场开拓投资				
	8	ISO认证投资				
	9	年末现金对账				
	10	关账				

第三年第二季度经营结束。

3. 第三年第三个经营周期

（1）更新短期贷款/短期贷款还本付息/申请短期贷款。

财务总监将代表两笔贷款的红色币向"现金"方向移动一个账期，归还到期的 20 M 短期贷款和 1 M 的利息，并在"现金流量表"中做相应的记录。

（2）更新应付款/归还应付款。

财务总监将代表应付款的 5 M 红色币和用于偿还的 5 M 灰色币一起交付给供应商，并在"现金流量表"中做相应的记录。

（3）更新原料订单/原材料入库。

采购总监购买 1 个 M1、2 个 M2 和 2 个 M3 的原材料（蓝色币），并领取 5 M 的应付账款（灰色币），放到"原材料库"和"应付款"中的相应区域。

（4）下原料订单。

采购总监向指导教师申领 1 个 M1、2 个 M2 和 2 个 M3 的黄色币，并放在"原材料订单"中相对应的"1Q"区域内。

（5）更新生产/完工入库。

生产总监将第一、第二和第三条生产线上的在制品入库。

此时"成品库"中共有 4 个 Beryl、3 个 Crystal 和 1 个 Ruby。

（6）投资新生产线/生产线转产/变卖生产线。

本期无此业务。

（7）开始下一批生产。

第一、第二和第三条生产线开始新一轮生产。财务总监在"现金流量表"中做相应的记录。

（8）产品研发投资。

本期无此业务。

(9) 更新应收款/应收款收现。

财务总监将应收账款从"2Q"移到"1Q"。

(10) 按订单交货。

销售总监向本地市场(本地)的客户交 3 个 Beryl 产品和 1 个 Crystal,取得 25 M 的应收款,同时完成订单表的登记,见表 4-45。

表 4-45 第三年订单(部分完成)

项 目	1	2	3	4	5	6	合计
市场	本地	本地	本地	区域	区域		
产品名称	Beryl	Crystal	Crystal	Ruby	Ruby		
账期	2Q	1Q	2Q	2Q	1Q		
交货期	Q3	Q3	Q4	Q2	Q1		
单价	4.4 M	12.0 M	10.0 M	9.0 M	9.0 M		
订单数量	3	1	3	2	1		
订单销售额	13.0 M	12.0 M	30.0 M	18.0 M	9.0 M		52.0 M
成本	6.0 M	4.0 M		8.0 M	4.0 M		22.0 M
毛利	7.0 M	8.0 M		10.0 M	5.0 M		30.0 M

(11) 出售/抵押厂房。

本期无此业务。

(12) 支付行政管理费用。

财务总监将 1 M 放在"管理费用"处,并在"现金流量表"中做相应的记录。

(13) 季末现金对账。

财务总监将"现金流量表"中的收入和支出分别汇总,计算出现金余额,并盘点现金,进行核对。第三年第三季度现金的流量见表 4-46。

表 4-46 第三年第三季度现金流量表

单位:百万元

操作顺序		项 目	1 季度	2 季度	3 季度	4 季度
年初	1	新年度规划会议				
	2	支付上年应交税	0			
	3	广告费	10			
	4	参加订货会/登记销售订单				
年中	1	季初现金余额	13	4	33	
	2	应收款到期(＋)		39		
	3	变卖生产线(＋)				
	4	变卖原料/产品(＋)				
	5	变卖厂房(＋)				
	6	短期贷款(＋)				

续表

操作顺序		项　目	1 季度	2 季度	3 季度	4 季度
年中	7	归还短贷及利息			21	
	8	贴现费用		1		
	9	高利贷贷款(＋)				
	10	归还高利贷及利息				
	11	原料采购支付现金	5	5	5	
	12	成品采购支付现金				
	13	设备改造费				
	14	生产线投资				
	15	加工费用	3	3	3	
	16	产品研发				
	17	行政管理费	1	1	1	
	18	其他				
	19	收入总计	0	39	0	
	20	支出总计	9	10	30	
	21	季末现金余额	4	33	3	
年末	1	长期贷款				
	2	归还长期贷款及利息				
	3	设备维修费				
	4	租金				
	5	购买新建筑				
	6	计提折旧				
	7	市场开拓投资				
	8	ISO 认证投资				
	9	年末现金对账				
	10	关账				

第三年第三季度经营结束。

3. 第三年第四个经营周期

(1)更新短期贷款/短期贷款还本付息/申请短期贷款。

财务总监将代表贷款的红色币向"现金"方向移动一个账期,归还到期的 20 M 短期贷款和 1 M 的利息(贴现 24 M 还贷),再申请新的 20 M 贷款,并在"现金流量表"中做相应的记录(此时现金不足须贴现)。

(2)更新应付款/归还应付款。

财务总监将代表应付款的 5 M 红色币和用于偿还的 5 M 灰色币一起交付给供应商,并在"现金流量表"中做相应的记录。

(3)更新原料订单/原材料入库。

采购总监购买 1 个 M1、2 个 M2 和 2 个 M3 的原材料(蓝色币),并领取 5 M 的应付账款

（红色币），放到"原材料库"和"应付款"中的相应区域。

（4）下原料订单。

采购总监向指导教师申领 1 个 M1、2 个 M2 和 2 个 M3 的黄色币，并放在"原材料订单"中相对应的"1Q"区域内。

（5）更新生产/完工入库。

生产总监将第一、第二和第三条生产线上的在制品入库。

此时"成品库"中共有 1 个 Beryl、3 个 Crystal 和 2 个 Ruby。

（6）投资新生产线/生产线转产/变卖生产线。

本期无此业务。

（7）开始下一批生产。

第一、第二和第三条生产线开始新一轮生产。财务总监在"现金流量表"中做相应的记录。

（8）产品研发投资。

本期无此业务。

（9）更新应收款/应收款收现。

财务总监将应收账款向"现金"方向移一格，并收取应收账款。

（10）按订单交货。

销售总监向区域市场（区域）的客户交 3 个 Crystal 产品，收取 2 个账期的应收款 30 M，同时完成订单表的登记，见表 4-47。

表 4-47　第三年订单（完成）

项　目	1	2	3	4	5	6	合计
市场	本地	本地	本地	区域	区域		
产品名称	Beryl	Crystal	Crystal	Ruby	Ruby		
账期	2Q	1Q	2Q	2Q	1Q		
交货期	Q3	Q3	Q4	Q2	Q1		
单价	4.4 M	12.0 M	10.0 M	9.0 M	9.0 M		
订单数量	3	1	3	2	1		
订单销售额	13.0 M	12.0 M	30.0 M	18.0 M	9.0 M		82.0 M
成本	6.0 M	4.0 M	12.0 M	8.0 M	4.0 M		34.0 M
毛利	7.0 M	8.0 M	18.0 M	10.0 M	5.0 M		48.0 M

（11）出售/抵押厂房。

本期无此业务。

（12）支付行政管理费用。

财务总监将 1 M 放在"管理费用"处，并在"现金流量表"中做相应的记录。

（13）季末现金对账。

财务总监将"现金流量表"中的收入和支出分别汇总，计算出现金余额，并盘点现金，进行核对。第三年第四季度现金的流量如表 4-48 所示。

表 4-48　第三年第四季度现金流量表

单位：百万元

操作顺序		项　目	1 季度	2 季度	3 季度	4 季度
年初	1	新年度规划会议				
	2	支付上年应交税	0			
	3	广告费	10			
	4	参加订货会/登记销售订单				
年中	1	季初现金余额	13	4	33	3
	2	应收款到期(＋)		39		42
	3	变卖生产线(＋)				
	4	变卖原料/产品(＋)				
	5	变卖厂房(＋)				
	6	短期贷款(＋)				20
	7	归还短贷及利息			21	21
	8	贴现费用		1		3
	9	高利贷贷款(＋)				
	10	归还高利贷及利息				
	11	原料采购支付现金	5	5	5	5
	12	成品采购支付现金				
	13	设备改造费				
	14	生产线投资				
	15	加工费用	3	3	3	3
	16	产品研发				
	17	行政管理费	1	1	1	1
	18	其他				
	19	收入总计	0	39	0	62
	20	支出总计	9	10	30	33
	21	季末现金余额	4	33	3	32
年末	1	长期贷款				
	2	归还长期贷款及利息				
	3	设备维修费				
	4	租金				
	5	购买新建筑				
	6	计提折旧				
	7	市场开拓投资				
	8	ISO 认证投资				
	9	年末现金对账				
	10	关账				

第三年第四季度经营结束。

从此时开始不再接受原材料订单和贷款申请,也不再接受产品交货,各组开始年末结算。

三、年末工作阶段

1. 支付长期贷款利息/更新长期贷款/申请长期贷款

财务总监将三笔长期贷款分别向"现金"方向推一格,支付长期贷款利息 7 M,放在"利息"中(为保障下一年年初的资金需求,须在此贴现)。

2. 支付设备维修费

目前有三条使用中的生产线,财务总监将 6 M 放在"维修费"处,并在"现金流量表"中做相应的记录。

3. 支付租金(或购买建筑)

本期无此业务。

4. 计提折旧

三条生产线共计提折旧费 9 M。该笔费用直接计入"利润表"中"折旧"项的"本年"栏中。

5. 新市场开拓投资/ISO 资格认证投资

销售总监按年初的市场开拓计划向财务总监申请亚洲市场开拓费用 1 M,并在"现金流量表"中做相应的记录。亚洲市场已完成开拓,在指导教师处申领相应的市场准入证,在下一年度可进入该市场销售。再向财务总监申请 ISO 体系认证费用 1 M,放在 ISO 14 000 相应的区域中。

6. 关账

财务总监汇总现金流量表,编制综合管理费用明细表、资产负债表和利润表,提交指导教师审核,并录入登记表中作为下年企业申请贷款和最终成绩评定的依据。第三年年末现金的流量见表 4-49。

表 4-49　第三年年末现金流量表

单位:百万元

操作顺序		项　目	1 季度	2 季度	3 季度	4 季度
年初	1	新年度规划会议				
	2	支付上年应交税	0			
	3	广告费	10			
	4	参加订货会/登记销售订单				
年中	1	季初现金余额	13	4	33	3
	2	应收款到期(+)		39		42
	3	变卖生产线(+)				
	4	变卖原料/产品(+)				
	5	变卖厂房(+)				
	6	短期贷款(+)				20
	7	归还短贷及利息			21	21
	8	贴现费用		1		3
	9	高利贷贷款(+)				

续表

操作顺序		项目	1季度	2季度	3季度	4季度
年中	10	归还高利贷及利息				
	11	原料采购支付现金	5	5	5	
	12	成品采购支付现金				
	13	设备改造费				
	14	生产线投资				
	15	加工费用	3	3	3	3
	16	产品研发				
	17	行政管理费	1	1	1	1
	18	其他				
	19	收入总计	0	39	0	62
	20	支出总计	9	10	30	33
	21	季末现金余额	4	33	3	32
年末	1	长期贷款				
	2	归还长期贷款及利息				7
	3	设备维修费				6
	4	租金				
	5	购买新建筑				
	6	计提折旧				9
	7	市场开拓投资				1
	8	ISO 认证投资				1
	9	年末现金对账				17
	10	关账				

第三年的综合管理费用明细表、利润表和资产负债表,见表 4-50 至表 4-52 所示。

表 4-50　第三年综合管理费用明细表

单位:百万元

项 目	金 额
行政管理费	4
广告费	10
设备维修费	6
设备改造费	0
租金	0
产品研发	0
市场开拓	1
ISO 认证	1
其他	0
合 计	22

表 4-51　第三年利润表

单位:百万元

项 目	上一年	本 年
一、销售收入	35	82
减:成本	14	34
二、毛利	21	48
减:综合费用	31	22
折旧	2	9
财务净损益	−6	−13
三、营业利润	−18	4
加:营业外净收益	0	0
四、利润总额	−18	4
减:所得税	0	0
五、净利润	−18	4

表 4-52 第三年资产负债表

年 月 日   单位：百万元

资 产	年初数	期末数	负债及所有者权益	年初数	期末数
流动资产：			负债：		
现金	23	17	短期负债	40	20
应收账款	30	31	应付账款	5	5
原材料	0	0	应交税金	0	0
产成品	10	8	长期负债	70	70
在制品	10	10			
流动资产合计	73	66	负债合计	115	95
固定资产：			所有者权益：		
土地建筑净值	40	40	股东资本	70	70
机器设备净值	0	0	以前年度利润	−4	−22
在建工程	50		当年净利润	−18	4
固定资产合计	90	81	所有者权益合计	48	52
资产总计	163	147	负债及权益总计	163	147

　　企业经营团队总结本年度的各项工作。同时，指导教师取走沙盘上企业支出的各项费用。第三年经营结束，指导教师对整体情况进行总结，并进行知识点补充。

任务七　ERP 沙盘企业模拟对抗第四年

一、年初工作阶段

　　第四个经营年度即将开始，重要决策见表 4-53。

表 4-53 第四年重要决策

1 季度	2 季度	3 季度	4 季度	年 底
注意资金流考虑贴现		注意资金流考虑贴现	力争完成生产线安装	归还 20 M 长期货款

　　指导教师宣布时间，要求 5 分钟之内各企业的销售总监提交广告投放方案，准备召开第四年的订货会。A 企业的广告投放方案见表 4-54。

表 4-54 A 企业的广告投放方案（第四年）

市场类别	Beryl	Crystal	Ruby	Saphire
本 地			1 M	
区 域		1 M		
国 内			1 M	
亚 洲			5 M	
国 际				

指导教师将所有广告投放方案录入系统后,召开第四年的订货会。根据 A 企业的排名和取得的市场老大地位,销售总监拿到的订单如图 4-18 至图 4-20 所示(图中数字为四舍五入后的)。

Crystal　　(Y4,区域)
4×9.3 M=37 M
账期: 1Q　　交货: Q4

图 4-18　A 企业第四年销售订单(1)

Buby　　(Y4,国内) 加急!
2×9.0 M=18 M
账期: 现金　　交货: Q1

图 4-19　A 企业第四年销售订单(2)

Buby　　(Y4,亚洲)
3×9.0 M=27 M
账期: 1Q　　交货: Q4

图 4-20　A 企业第四年销售订单(3)

A 企业的 CEO 按照任务清单的顺序领导小组成员开始经营活动。

1. 支付应付税

本期无此业务。

2. 支付广告费

财务总监取出 8 M 的现金(灰色币)放在沙盘的"广告费"处,并在"现金流量表"中做好记录。

3. 参加订货会/登记销售订单

销售总监根据订单及时地进行"订单"表登记,见表 4-55。

表 4-55　第四年订单(取得)

项　目	1	2	3	4	5	6	合计
市场	区域	国内	亚洲				
产品名称	Crystal	Ruby	Ruby				
账期	1Q	现金	1Q				
交货期	Q4	Q1	Q4				
单价	9.3 M	9.0 M	9.0 M				
订单数量	4	2	3				
订单销售额	37.0 M	18.0 M	27.0 M				
成本							
毛利							

CEO 主持讨论各个部门每个季度具体的工作安排。

二、年中工作阶段

1. 第四年第一个经营周期

(1)更新短期贷款/短贷还本付息/申请短期贷款。

财务总监将代表贷款的 20 M 红色币从"4Q"移动至"3Q"。

（2）更新应付款/归还应付款。

财务总监将代表应付款的 5 M 红色币和用于偿还的 5 M 灰色币一起交付给供应商，并在"现金流量表"中做相应的记录。

（3）更新原料订单/原材料入库。

采购总监购买 1 个 M1、2 个 M2 和 2 个 M3 的原材料（蓝色币），并领取 5 M 的应付账款（红色币），放到"原材料库"和"应付款"中的相应区域。

（4）下原料订单。

采购总监向指导教师申领 1 个 M1、2 个 M2 和 2 个 M3 的黄色币，并放在"原材料订单"中相对应的"1Q"区域内。

（5）更新生产/完工入库。

生产总监将第一、第二和第三条生产线上的在制品入库。

此时"成品库"中共有 1 个 Beryl、1 个 Crystal 和 3 个 Ruby。

（6）投资新生产线/生产线转产/变卖生产线。

本期无此业务。

（7）开始下一批生产。

第一、第二和第三条生产线开始新一轮生产。财务总监在"现金流量表"中做相应的记录。

（8）产品研发投资。

本期无此业务。

（9）更新应收款/应收款收现。

财务总监将应收账款向"现金"方向移一格，并收取应收账款。

（10）按订单交货。

销售总监向国内市场（国内）的客户交 2 个 Ruby 产品，收取现金 18 M，同时完成订单表的登记，见表 4-56。

表 4-56 第四年订单（部分完成）

项 目	1	2	3	4	5	6	合计
市场	区域	国内	亚洲				
产品名称	Crystal	Ruby	Ruby				
账期	1Q	现金	1Q				
交货期	Q4	Q1	Q4				
单价	9.3 M	9.0 M	9.0 M				
订单数量	4	2	3				
订单销售额	37.0 M	18.0 M	27.0 M				18.0 M
成本		8.0 M					8.0 M
毛利		10.0 M					10.0 M

（11）出售/抵押厂房。

本期无此业务。

（12）支付行政管理费用。

财务总监将 1 M 放在"管理费用"处，并在"现金流量表"中做相应的记录。

（13）季末现金对账。

财务总监将"现金流量表"中的收入和支出分别汇总，计算出现金余额，并盘点现金，进行核对。第四年第一季度现金的流量见表 4-57。

表 4-57　第四年第一季度现金流量表

单位：百万元

操作顺序		项　目	1 季度	2 季度	3 季度	4 季度
年初	1	新年度规划会议				
	2	支付上年应交税	0			
	3	广告费	8			
	4	参加订货会/登记销售订单				
年中	1	季初现金余额	9			
	2	应收款到期（＋）	19			
	3	变卖生产线（＋）				
	4	变卖原料/产品（＋）				
	5	变卖厂房（＋）				
	6	短期贷款（＋）				
	7	归还短贷及利息				
	8	贴现费用				
	9	高利贷贷款（＋）				
	10	归还高利贷及利息				
	11	原料采购支付现金	5			
	12	成品采购支付现金				
	13	设备改造费				
	14	生产线投资				
	15	加工费用	3			
	16	产品研发				
	17	行政管理费	1			
	18	其他				
	19	收入总计	19			
	20	支出总计	9			
	21	季末现金余额	19			
年末	1	长期贷款				
	2	归还长期贷款及利息				
	3	设备维修费				
	4	租金				
	5	购买新建筑				
	6	计提折旧				
	7	市场开拓投资				

续表

操作顺序		项　目	1季度	2季度	3季度	4季度
年末	8	ISO认证投资				
	9	年末现金对账				
	10	关账				

第四年第一季度经营结束。

2. 第四年第二个经营周期

(1)更新短期贷款/短期贷款还本付息/申请短期贷款。

财务总监将代表贷款的20 M红色币从"3Q"移动至"2Q"。

(2)更新应付款/归还应付款。

财务总监将代表应付款的5 M红色币和用于偿还的5 M灰色币一起交付给供应商，并在"现金流量表"中做相应的记录。

(3)更新原料订单/原材料入库。

采购总监购买1个M1、2个M2和2个M3的原材料(蓝色币)，并领取5 M的应付账款(红色币)，放到"原材料库"和"应付款"中的相应区域。

(4)下原料订单。

采购总监向指导教师申领1个M1和2个M2的黄色币，并放在"原材料订单"中相对应的"1Q"区域内。

(5)更新生产/完工入库。

生产总监将第一、第二和第三条生产线上的在制品入库。

此时"成品库"中共有1个Beryl、2个Crystal和2个Ruby。

(6)投资新生产线/生产线转产/变卖生产线。

生产总监向财务总监申请本期的投资资金5 M放在安装中的全自动生产线上，财务总监在"现金流量表"中做相应的记录。

(7)开始下一批生产。

第一、第二和第三条生产线开始新一轮生产。财务总监在"现金流量表"中做相应的记录。

(8)产品研发投资。

本期无此业务。

(9)更新应收款/应收款收现。

财务总监收取应收账款30 M。

(10)按订单交货。

本期无此业务。

(11)出售/抵押厂房。

本期无此业务。

(12)支付行政管理费用。

财务总监将1 M放在"管理费用"处，并在"现金流量表"中做相应的记录。

(13)季末现金对账。

财务总监将"现金流量表"中的收入和支出分别汇总，计算出现金余额，并盘点现金，进行核对。第四年第二季度现金的流量见表4-58。

表 4-58　第四年第二季度现金流量表

单位:百万元

操作顺序		项　目	1季度	2季度	3季度	4季度
年初	1	新年度规划会议				
	2	支付上年应交税	0			
	3	广告费	8			
	4	参加订货会/登记销售订单				
年中	1	季初现金余额	9	19		
	2	应收款到期(＋)	19	30		
	3	变卖生产线(＋)				
	4	变卖原料/产品(＋)				
	5	变卖厂房(＋)				
	6	短期贷款(＋)				
	7	归还短贷及利息				
	8	贴现费用				
	9	高利贷贷款(＋)				
	10	归还高利贷及利息				
	11	原料采购支付现金	5	5		
	12	成品采购支付现金				
	13	设备改造费				
	14	生产线投资		5		
	15	加工费用	3	3		
	16	产品研发				
	17	行政管理费	1	1		
	18	其他				
	19	收入总计	19	30		
	20	支出总计	9	14		
	21	季末现金余额	19	35		
年末	1	长期贷款				
	2	归还长期贷款及利息				
	3	设备维修费				
	4	租金				
	5	购买新建筑				
	6	计提折旧				
	7	市场开拓投资				
	8	ISO认证投资				
	9	年末现金对账				
	10	关账				

第四年第二季度经营结束。

3. 第四年第三个经营周期

(1)更新短期贷款/短期贷款还本付息/申请短期贷款。

财务总监将代表贷款的 20 M 红色币从"2Q"移动至"1Q"。

(2)更新应付款/归还应付款。

财务总监将代表应付款的 5 M 红色币和用于偿还的 5 M 灰色币一起交付给供应商,并在"现金流量表"中做相应的记录。

(3)更新原料订单/原材料入库。

采购总监购买 1 个 M1、2 个 M2 和 2 个 M3 的原材料(蓝色币),并领取 5 M 的应付账款(红色币),放到"原材料库"和"应付款"中的相应区域。

(4)下原料订单。

采购总监向指导教师申领 1 个 M1、1 个 M2 和 4 个 M3 的黄色币,并放在"原材料订单"中相对应的"1Q"区域内。

(5)更新生产/完工入库。

生产总监将第一、第二和第三条生产线上的在制品入库。

此时"成品库"中共有 1 个 Beryl、3 个 Crystal 和 3 个 Ruby。

(6)投资新生产线/生产线转产/变卖生产线。

本期无此业务。

(7)开始下一批生产。

第一、第二和第三条生产线开始新一轮生产。财务总监在"现金流量表"中做相应的记录。

(8)产品研发投资。

本期无此业务。

(9)更新应收款/应收款收现。

本期无此业务。

(10)按订单交货。

本期无此业务。

(11)出售/抵押厂房。

本期无此业务。

(12)支付行政管理费用。

财务总监将 1 M 放在"管理费用"处,并在"现金流量表"中做相应的记录。

(13)季末现金对账。

财务总监将"现金流量表"中的收入和支出分别汇总,计算出现金余额,并盘点现金,进行核对。

第四年第三季度现金的流量见表 4-59。

表 4-59　第四年第三季度现金流量表

单位:百万元

操作顺序		项　目	1 季度	2 季度	3 季度	4 季度
年初	1	新年度规划会议				
	2	支付上年应交税	0			

操作顺序		项　目	1季度	2季度	3季度	4季度
年初	3	广告费	8			
	4	参加订货会/登记销售订单				
年中	1	季初现金余额	9	19	35	
	2	应收款到期（＋）	19	30		
	3	变卖生产线（＋）				
	4	变卖原料/产品（＋）				
	5	变卖厂房（＋）				
	6	短期贷款（＋）				
	7	归还短贷及利息				
	8	贴现费用				
	9	高利贷贷款（＋）				
	10	归还高利贷及利息				
	11	原料采购支付现金	5	5	5	
	12	成品采购支付现金				
	13	设备改造费				
	14	生产线投资		5		
	15	加工费用	3	3	3	
	16	产品研发				
	17	行政管理费	1	1	1	
	18	其他				
	19	收入总计	19	30	0	
	20	支出总计	9	14	9	
	21	季末现金余额	19	35	26	
年末	1	长期贷款				
	2	归还长期贷款及利息				
	3	设备维修费				
	4	租金				
	5	购买新建筑				
	6	计提折旧				
	7	市场开拓投资				
	8	ISO认证投资				
	9	年末现金对账				
	10	关账				

第四年第三季度经营结束。

4. 第四年第四个经营周期

（1）更新短期贷款/短期贷款还本付息/申请短期贷款。

财务总监偿还到期的 20 M 短期贷款和 1 M 利息,申请新的 20 M 短期贷款,并在"现金流量表"中做相应的记录。

(2)更新应付款/归还应付款。

财务总监将代表应付款的 5 M 红色币和用于偿还的 5 M 灰色币一起交付给供应商,并在"现金流量表"中做相应的记录(此时现金不足须贴现)。

(3)更新原料订单/原材料入库。

采购总监购买 1 个 M1 和 1 个 M2 的原材料(蓝色币),放到"原材料库"的相应区域,支付 2 M 的现金。财务总监在"现金流量表"中做相应的记录。

(4)下原料订单。

采购总监向指导教师申领 1 个 M1、3 个 M2 和 4 个 M3 的黄色币,并放在"原材料订单"中相对应的"1Q"区域内。

(5)更新生产/完工入库。

生产总监将第一、第二和第三条生产线上的在制品入库。

此时"成品库"中共有 1 个 Beryl、4 个 Crystal 和 4 个 Ruby。

(6)投资新生产线/生产线转产/变卖生产线。

生产总监向财务总监申请本期的投资资金 5 M 放在安装中的全自动生产线上,财务总监在"现金流量表"中做相应的记录。

(7)开始下一批生产。

第一和第二生产线开始新一轮生产,第三条生产线暂停生产。财务总监在"现金流量表"中做相应的记录。

(8)产品研发投资。

本期无此业务。

(9)更新应收款/应收款收现。

本期无此业务。

(10)按订单交货。

销售总监向区域市场(区域)的客户交 4 个 Crystal 产品,向亚洲市场(亚洲)的客户交 3 个 Ruby 产品,收取 1 个账期的应收款 64.0 M,同时完成订单表的登记,见表 4-60。

表 4-60　第四年订单(完成)

项　目	1	2	3	4	5	6	合计
市场	区域	国内	亚洲				
产品名称	Crystal	Ruby	Ruby				
账期	1Q	现金	1Q				
交货期	Q4	Q1	Q4				
单价	9.3 M	9.0 M	9.0 M				
订单数量	4	2	3				
订单销售额	37.0 M	18.0 M	27.0 M				82.0 M
成本	16.0 M	8.0 M	12.0 M				36.0 M
毛利	21.0 M	10.0 M	15.0 M				46.0 M

(11)出售/抵押厂房。

本期无此业务。

(12)支付行政管理费用。

财务总监将1M放在"管理费用"处,并在"现金流量表"中做相应的记录。

(13)季末现金对账。

财务总监将"现金流量表"中的收入和支出分别汇总,计算出现金余额,并盘点现金,进行核对。

第四年第四季度现金的流量见表4-61。

表4-61 第四年第四季度现金流量表

单位:百万元

操作顺序		项　目	1季度	2季度	3季度	4季度
年初	1	新年度规划会议				
	2	支付上年应交税	0			
	3	广告费	8			
	4	参加订货会/登记销售订单				
年中	1	季初现金余额	9	19	35	26
	2	应收款到期(＋)	19	30		24
	3	变卖生产线(＋)				
	4	变卖原料/产品(＋)				
	5	变卖厂房(＋)				
	6	短期贷款(＋)				20
	7	归还短贷及利息				21
	8	贴现费用				2
	9	高利贷贷款(＋)				
	10	归还高利贷及利息				
	11	原料采购支付现金	5	5	5	7
	12	成品采购支付现金				
	13	设备改造费				
	14	生产线投资		5		5
	15	加工费用	3	3	3	2
	16	产品研发				
	17	行政管理费	1	1	1	1
	18	其他				
	19	收入总计	19	30	0	44
	20	支出总计	9	14	9	38
	21	季末现金余额	19	35	26	32
年末	1	长期贷款				
	2	归还长期贷款及利息				

续表

操作顺序		项 目	1季度	2季度	3季度	4季度
年末	3	设备维修费				
	4	租金				
	5	购买新建筑				
	6	计提折旧				
	7	市场开拓投资				
	8	ISO 认证投资				
	9	年末现金对账				
	10	关账				

第四年第四季度经营结束。

从此时开始不再接受原材料订单和贷款申请,也不再接受产品交货,各组开始年末结算。

三、年末工作阶段

1. 支付长期贷款利息/更新长期贷款/申请长期贷款

财务总监将三笔长期贷款分别向"现金"方向推一格,支付长期贷款利息 7 M,放在"利息"中,偿还到期的 20 M 长期贷款,并申请新的 20 M 的 3 年期长期贷款。

2. 支付设备维修费

目前有三条使用中的生产线,财务总监将 6 M 放在"维修费"处,并在"现金流量表"中做相应的记录。

3. 支付租金(或购买建筑)

本期无此业务。

4. 计提折旧

三条生产线共计提折旧费 9 M。该笔费用直接计入"利润表"中"折旧"项的"本年"栏中。

5. 新市场开拓投资/ISO 资格认证投资

再向财务总监申请 ISO 体系认证费用 1 M,放在 ISO 14 000 相应的区域中。

6. 关账

财务总监汇总现金流量表,编制综合管理费用明细表、资产负债表和利润表,提交指导教师审核,并录入登记表中作为下年企业申请贷款和最终成绩评定的依据。第四年年末现金的流量见表4-62。

表 4-62　第四年年末现金流量表

单位:百万元

操作顺序		项 目	1季度	2季度	3季度	4季度
年初	1	新年度规划会议				
	2	支付上年应交税	0			
	3	广告费	8			
	4	参加订货会/登记销售订单				

续表

操作顺序		项　目	1季度	2季度	3季度	4季度
年中	1	季初现金余额	9	19	35	26
	2	应收款到期（＋）	19	30		24
	3	变卖生产线（＋）				
	4	变卖原料/产品（＋）				
	5	变卖厂房（＋）				
	6	短期贷款（＋）				20
	7	归还短贷及利息				21
	8	贴现费用				2
	9	高利贷贷款（＋）				
	10	归还高利贷及利息				
	11	原料采购支付现金	5	5	5	7
	12	成品采购支付现金				
	13	设备改造费				
	14	生产线投资		5		5
	15	加工费用	3	3	3	2
	16	产品研发				
	17	行政管理费	1	1	1	1
	18	其他				
	19	收入总计	19	30	0	44
	20	支出总计	9	14	9	38
	21	季末现金余额	19	35	26	32
年末	1	长期贷款				20
	2	归还长期贷款及利息				27
	3	设备维修费				6
	4	租金				
	5	购买新建筑				
	6	计提折旧				9
	7	市场开拓投资				
	8	ISO认证投资				
	9	年末现金对账				19
	10	关账				

第四年的综合管理费用明细表、利润表和资产负债表见表 4-63 至表 4-65。

表 4-63　第四年综合管理费用明细表

单位:百万元

项　目	金　额
行政管理费	4
广告费	8
设备维修费	6
设备改造费	0
租金	0
产品研发	0
市场开拓	0
ISO 认证	0
其他	0
合　计	18

表 4-64　第四年利润表

单位:百万元

项　目	上一年	本年
一、销售收入	82	82
减:成本	34	36
二、毛利	48	46
减:综合费用	22	18
折旧	9	9
财务净损益	−13	−10
三、营业利润	4	9
加:营业外净收益	0	0
四、利润总额	4	9
减:所得税	0	0
五、净利润	4	9

表 4-65　第四年资产负债表

年　　月　　日

单位:百万元

资　产	年初数	期末数	负债及所有者权益	年初数	期末数
流动资产:			负债:		
现金	17	19	短期负债	20	20
应收帐款	31	40	应付帐款	5	0
原材料	0	0	应交税金	0	0
产成品	8	4	长期负债	70	70
在制品	10	6			
流动资产合计	66	69	负债合计	95	90
固定资产:			所有者权益:		
土地建筑原价	40	40	股东资本	70	70
机器设备净值	36	27	以前年度利润	−22	−18
在建工程	5	15	当年净利润	4	9
固定资产合计	81	82	所有者权益合计	52	61
资产总计	147	151	负债及权益总计	147	151

企业经营团队总结本年度的各项工作。同时,指导教师取走沙盘上企业支出的各项费用。第四年经营结束,指导教师对整体情况进行总结,并进行知识点补充。

任务八　ERP 沙盘企业模拟对抗第五年

一、年初工作阶段

第五个经营年度的企业经营决策会议召开后,第五年重要决策见表 4-66。

表 4-66　第五年重要决策

1 季度	2 季度	3 季度	4 季度	年 底
		注意资金流考虑贴现	注意资金流考虑短贷	归还 30 M 长期贷款

指导教师宣布时间，要求 5 分钟之内各企业的销售总监提交广告投放方案，准备召开第五年的订货会。A 企业的广告投放方案如表 4-67 所示。

表 4-67　A 企业的广告投放方案(第五年)

市场类别	Beryl	Crystal	Ruby	Saphire
本　地		2 M		
区　域		1 M	2 M	
国　内			4 M	
亚　洲				
国　际				

指导教师将所有广告投放方案录入系统后，召开第五年的订货会。根据 A 企业的排名和取得的市场老大地位，销售总监拿到的订单如图 4-21 至图 4-24 所示。

Crystal　(Y5, 本地)	Crystal　(Y5, 区域)
2×11 M=22 M	3×9.3 M=28 M
账期：1Q　交货：Q3	账期：2Q　交货：Q4

图 4-21　A 企业第五年销售订单(1)　　　图 4-22　A 企业第五年销售订单(2)

Ruby　(Y5, 国内)	Crystal　(Y6, 区域)
4×8.0 M=32 M	3×9.0 M=27 M
账期：2Q　交货：Q4	账期：1Q　交货：Q4

图 4-23　A 企业第五年销售订单(3)　　　图 4-24　A 企业第五年销售订单(4)

A 企业的 CEO 按照任务清单的顺序领导小组成员开始经营活动。

1. 支付应付税

本期无此业务。

2. 支付广告费

财务总监取出 9 M 的现金(灰色币)放在沙盘的"广告费"处，并在"现金流量表"中做好记录。

3. 参加订货会/登记销售订单

销售总监根据订单及时地进行"订单"表登记，见表 4-68。

表 4-68　第五年订单（取得）

项　目	1	2	3	4	5	6	合计
市场	本地	区域	国内	亚洲			
产品名称	Crystal	Crystal	Ruby	Ruby			
账期	1Q	2Q	2Q	2Q			
交货期	Q3	Q4	Q4	Q3			
单价	11.0 M	9.3 M	8.0 M	10.0 M			
订单数量	2	3	4	3			
订单销售额	22.0 M	28.0 M	32.0 M	30.0 M			
成本							
毛利							

CEO 主持讨论各个部门每个季度具体的工作安排。

二、年中工作阶段

1. 第五年第一个经营周期

(1)更新短期贷款/短贷还本付息/申请短期贷款。

财务总监将代表贷款的 20 M 红色币从"4Q"移动至"3Q"。

(2)更新应付款/归还应付款。

本期无此业务。

(3)更新原料订单/原材料入库。

采购总监购买 1 个 M1、3 个 M2 和 4 个 M3 的原材料（蓝色币），并领取 8 M 的应付账款（红色币），放到"原材料库"和"应付款"中的相应区域。

(4)下原料订单

采购总监向指导教师申领 1 个 M1、3 个 M2 和 4 个 M3 的黄色币，并放在"原材料订单"中相对应的"1Q"区域内。

(5)更新生产/完工入库。

生产总监将第一和第二条生产线上的在制品入库。

此时"成品库"中共有 1 个 Beryl、1 个 Crystal 和 1 个 Ruby。

(6)投资新生产线/生产线转产/变卖生产线。

本期无此业务。

(7)开始下一批生产。

第一、第二、第三和已完成安装的第四条生产线开始新一轮生产。财务总监在"现金流量表"中做相应的记录。

(8)产品研发投资。

本期无此业务。

(9)更新应收款/应收款收现。

财务总监收取 40 M 的应收账款。

(10)按订单交货。

本期无此业务。

(11)出售/抵押厂房。

本期无此业务。

(12)支付行政管理费用。

财务总监将 1 M 放在"管理费用"处,并在"现金流量表"中做相应的记录。

(13)季末现金对账。

财务总监将"现金流量表"中的收入和支出分别汇总,计算出现金余额,并盘点现金,进行核对。

第五年第一季度现金的流量见表 4-69。

表 4-69　第五年第一季度现金流量表

单位:百万元

操作顺序		项　目	1 季度	2 季度	3 季度	4 季度
年初	1	新年度规划会议				
	2	支付上年应交税	0			
	3	广告费	9			
	4	参加订货会/登记销售订单				
年中	1	季初现金余额	10			
	2	应收款到期(+)	40			
	3	变卖生产线(+)				
	4	变卖原料/产品(+)				
	5	变卖厂房(+)				
	6	短期贷款(+)				
	7	归还短贷及利息				
	8	贴现费用				
	9	高利贷贷款(+)				
	10	归还高利贷及利息				
	11	原料采购支付现金				
	12	成品采购支付现金				
	13	设备改造费				
	14	生产线投资				
	15	加工费用	4			
	16	产品研发				
	17	行政管理费	1			
	18	其他				
	19	收入总计	40			
	20	支出总计	5			
	21	季末现金余额	45			

续表

操作顺序		项　目	1 季度	2 季度	3 季度	4 季度
年末	1	长期贷款				
	2	归还长期贷款及利息				
	3	设备维修费				
	4	租金				
	5	购买新建筑				
	6	计提折旧				
	7	市场开拓投资				
	8	ISO 认证投资				
	9	年末现金对账				
	10	关账				

第五年第一季度经营结束。

2. 第五年第二个经营周期

（1）更新短期贷款/短期贷款还本付息/申请短期贷款。

财务总监将代表贷款的 20 M 红色币从"3Q"移动至"2Q"。

（2）更新应付款/归还应付款。

财务总监将代表应付款的 8 M 红色币和用于偿还的 8 M 灰色币一起交付给供应商，并在"现金流量表"中做相应的记录。

（3）更新原料订单/原材料入库。

采购总监购买 1 个 M1、3 个 M2 和 4 个 M3 的原材料（蓝色币），并领取 8 M 的应付账款（红色币），放到"原材料库"和"应付款"中的相应区域。

（4）下原料订单。

采购总监向指导教师申领 1 个 M1、3 个 M2 和 4 个 M3 的黄色币，并放在"原材料订单"中相对应的"1Q"区域内。

（5）更新生产/完工入库。

生产总监将第一、第二和第三条生产线上的在制品入库。

此时"成品库"中共有 1 个 Beryl、2 个 Crystal 和 3 个 Ruby。

（6）投资新生产线/生产线转产/变卖生产线。

本期无此业务。

（7）开始下一批生产。

四条生产线开始新一轮生产。财务总监在"现金流量表"中做相应的记录。

（8）产品研发投资。

本期无此业务。

（9）更新应收款/应收款收现。

本期无此业务。

（10）按订单交货。

本期无此业务。

(11)出售/抵押厂房。

本期无此业务。

(12)支付行政管理费用。

财务总监将1M放在"管理费用"处,并在"现金流量表"中做相应的记录。

(13)季末现金对账。

财务总监将"现金流量表"中的收入和支出分别汇总,计算出现金余额,并盘点现金,进行核对。

第五年第二季度现金的流量见表4-70。

表 4-70 第五年第二季度现金流量表

单位:百万元

操作顺序		项 目	1季度	2季度	3季度	4季度
年初	1	新年度规划会议				
	2	支付上年应交税	0			
	3	广告费	9			
	4	参加订货会/登记销售订单				
年中	1	季初现金余额	10	45		
	2	应收款到期(+)	40			
	3	变卖生产线(+)				
	4	变卖原料/产品(+)				
	5	变卖厂房(+)				
	6	短期贷款(+)				
	7	归还短贷及利息				
	8	贴现费用				
	9	高利贷贷款(+)				
	10	归还高利贷及利息				
	11	原料采购支付现金		8		
	12	成品采购支付现金				
	13	设备改造费				
	14	生产线投资				
	15	加工费用	4	4		
	16	产品研发				
	17	行政管理费	1	1		
	18	其他				
	19	收入总计	40	0		
	20	支出总计	5	13		
	21	季末现金余额	45	32		
年末	1	长期贷款				
	2	归还长期贷款及利息				

续表

操作顺序		项　目	1季度	2季度	3季度	4季度
年末	3	设备维修费				
	4	租金				
	5	购买新建筑				
	6	计提折旧				
	7	市场开拓投资				
	8	ISO认证投资				
	9	年末现金对账				
	10	关账				

第五年第二季度经营结束。

3. 第五年第三个经营周期

(1)更新短期贷款/短期贷款还本付息/申请短期贷款。

财务总监将代表贷款的20 M红色币从"2Q"移动至"1Q",申请新的20 M短期贷款,并在"现金流量表"中做相应的记录。

(2)更新应付款/归还应付款。

财务总监将代表应付款的8 M红色币和用于偿还的8 M灰色币一起交付给供应商,并在"现金流量表"中做相应的记录。

(3)更新原料订单/原材料入库。

采购总监购买1个M1、3个M2和4个M3的原材料(蓝色币),并领取8 M的应付款(红色币)放到"原材料库"和"应付款"中的相应区域。

(4)下原料订单。

采购总监向指导教师申领1个M1、3个M2和4个M3的黄色币,并放在"原材料单"中对应的"1Q"区域内。

(5)更新生产/完工入库。

生产总监将四条生产线上的在制品入库。

此时"成品库"中共有1个Beryl、3个Crystal和5个Ruby。

(6)投资新生产线/生产线转产,变卖生产线。

本期无此业务。

(7)开始下一批生产。

四条生产线开始新一轮生产。财务总监在"现金流量表"中做相应的记录。

(8)产品研发投资

本期无此业务。

(9)更新应收款/应收款收现。

本期无此业务。

(10)按订单交货。

销售总监向本地市场的客户交2个Crystal产品,向亚洲市场的客户交3个Ruby产品,收取1个账期的应收款22 M和2个账期的应收款30 M,同时完成订单表的登记,见表4-71。

表 4-71　第五年订单（部分完成）

项　目	1	2	3	4	5	6	合计
市场	本地	区域	国内	亚洲			
产品名称	Crystal	Crystal	Ruby	Ruby			
账期	1Q	2Q	2Q	2Q			
交货期	Q3	Q4	Q4	Q3			
单价	11.0 M	9.3 M	8.0 M	10.0 M			
订单数量	2	3	4	3			
订单销售额	22.0 M	28.0 M	32.0 M	30.0 M			52.0 M
成本	8.0 M		12.0 M				20.0 M
毛利	14.0 M		18.0 M				32.0 M

(11) 出售/抵押厂房。

本期无此业务。

(12) 支付行政管理费用。

财务总监将 1 M 元放在"管理费用"处，并在"现金流量表"中做相应的记录。

(13) 季末现金对账。

财务总监将"现金流量表"中的收入和支出分别汇总，计算出现金余额，并盘点现金，进行核对。第五年第三季度现金的流量见表 4-72。

表 4-72　第五年第三季度现金流量表

单位：百万元

操作顺序		项　目	1 季度	2 季度	3 季度	4 季度
年初	1	新年度规划会议				
	2	支付上年应交税	0			
	3	广告费	9			
	4	参加订货会/登记销售订单				
年中	1	季初现金余额	10	45	32	
	2	应收款到期（＋）	40			
	3	变卖生产线（＋）				
	4	变卖原料/产品（＋）				
	5	变卖厂房（＋）				
	6	短期贷款（＋）			20	
	7	归还短贷及利息				
	8	贴现费用				
	9	高利贷贷款（＋）				
	10	归还高利贷及利息				
	11	原料采购支付现金		8	8	

续表

操作顺序	项　目	1季度	2季度	3季度	4季度
12	成品采购支付现金				
13	设备改造费				
14	生产线投资				
15	加工费用	4	4	4	
16	产品研发				
17	行政管理费	1	1	1	
18	其他				
19	收入总计	40	0	20	
20	支出总计	5	13	13	
21	季末现金余额	45	32	29	
1	长期贷款				
2	归还长期贷款及利息				
3	设备维修费				
4	租金				
5	购买新建筑				
6	计提折旧				
7	市场开拓投资				
8	ISO认证投资				
9	年末现金对账				
10	关账				

（其中操作顺序12～21为"年中"，操作顺序1～10为"年末"）

第五年第三季度经营结束。

4. 第五年第四个经营周期

（1）更新短期贷款/短期贷款还本付息/申请短期贷款。

财务总监偿还到期的 20 M 短期贷款和 1 M 利息，同时申请新的 40 M 短期贷款，并在"现金流量表"中做相应的记录。

（2）更新应付款/归还应付款。

财务总监将代表应付款的 8 M 红色币和用于偿还的 8 M 灰色币一起交付给供应商，并在"现金流量表"中做相应的记录。

（3）更新原料订单/原材料入库。

采购总监购买 1 个 M1、3 个 M2 和 4 个 M3 的原材料（蓝色币），并领取 8 M 的应付账款（红色币），放到"原材料库"和"应付款"中的相应区域。

（4）下原料订单。

采购总监向指导教师申领 1 个 M1、3 个 M2 和 4 个 M3 的黄色币，并放在"原材料订单"中相对应的"1Q"区域内。

（5）更新生产/完工入库。

生产总监将四条生产线上的在制品入库。

此时"成品库"中共有 1 个 Beryl、2 个 Crystal 和 4 个 Ruby。

（6）投资新生产线/生产线转产/变卖生产线。

本期无此业务。

（7）开始下一批生产。

四条生产线开始新一轮生产。财务总监在"现金流量表"中做相应的记录。

（8）产品研发投资。

本期无此业务。

（9）更新应收款/应收款收现。

财务总监将应收账款向"现金"方向移一格，并收取到期的应收账款 22 M。

（10）按订单交货。

由于 A 企业目前的产能无法完成订单要求的 3 个 Crystal 产品，因此 A 企业只好向同行的其他公司购买 1 个 Crystal 产品，否则就要支付这份订单总金额的 1/5 的罚款（5 M），同时还将失去区域市场的市场老大地位。

因此，A 企业的销售总监与 C 企业协商以 10 M 的单价购买 1 个 Crystal 产品，同时还需填写"组间交易登记表"，见表 4-73。

表 4-73　A 企业组间交易登记表

买　入			卖　出		
货物名称	数　量	单　价/M	货物名称	数　量	单　价/M
Crystal	1	10 M			

销售总监向国内市场的客户交 3 个 Crystal 产品和 4 个 Ruby 产品，收取 2 个账期的应收款 60 M，同时完成订单表的登记，见表 4-74。

表 4-74　第五年订单（完成）

项　目	1	2	3	4	5	6	合计
市场	本地	区域	国内	亚洲			
产品名称	Crystal	Crystal	Ruby	Ruby			
账期	1Q	2Q	2Q	2Q			
交货期	Q3	Q4	Q4	Q3			
单价	11.0 M	9.3 M	8.0 M	10.0 M			
订单数量	2	3	4	3			
订单销售额	22.0 M	28.0 M	32.0 M	30.0 M			112.0 M
成本	8.0 M	18.0 M	16.0 M	12.0 M			54.0 M
毛利	14.0 M	10.0 M	16.0 M	18.0 M			58.0 M

（11）出售/抵押厂房。

本期无此业务。

（12）支付行政管理费用。

财务总监将 1 M 放在"管理费用"处，并在"现金流量表"中做相应的记录。

（13）季末现金对账。

财务总监将"现金流量表"中的收入和支出分别汇总，计算出现金余额，并盘点现金，进行核对。第五年第四季度现金的流量见表4-75。

表4-75　第五年第四季度现金流量表

单位：百万元

操作顺序		项　目	1季度	2季度	3季度	4季度
年初	1	新年度规划会议				
	2	支付上年应交税	0			
	3	广告费	9			
	4	参加订货会/登记销售订单				
年中	1	季初现金余额	10	45	32	39
	2	应收款到期（＋）	40			22
	3	变卖生产线（＋）				
	4	变卖原料/产品（＋）				
	5	变卖厂房（＋）				
	6	短期贷款（＋）			20	40
	7	归还短贷及利息				21
	8	贴现费用				
	9	高利贷贷款（＋）				
	10	归还高利贷及利息				
	11	原料采购支付现金		8	8	8
	12	成品采购支付现金				10
	13	设备改造费				
	14	生产线投资				
	15	加工费用	4	4	4	4
	16	产品研发				
	17	行政管理费	1	1	1	1
	18	其他				
	19	收入总计	40	0	20	62
	20	支出总计	5	13	13	44
	21	季末现金余额	45	32	39	57
年末	1	长期贷款				
	2	归还长期贷款及利息				
	3	设备维修费				
	4	租金				
	5	购买新建筑				
	6	计提折旧				
	7	市场开拓投资				

续表

操作顺序		项　目	1 季度	2 季度	3 季度	4 季度
年末	8	ISO 认证投资				
	9	年末现金对账				
	10	关账				

从此时开始不再接受原材料订单和贷款申请,也不再接受产品交货,各组开始年末结算。

三、年末工作阶段

1. 支付长期贷款利息/更新长期贷款/申请长期贷款

财务总监将两笔长期贷款分别向"现金"方向推一格,支付长期贷款利息 7 M,放在"利息"中,偿还到期的 30 M 长期贷款。

2. 支付设备维修费

目前有四条使用中的生产线,财务总监将 8 M 放在"维修费"处,并在"现金流量表"中做相应的记录。

3. 支付租金(或购买建筑)

本期无此业务。

4. 计提折旧

三条生产线共计提折旧费 9 M。该笔费用直接计入"利润表"中"折旧"项的"本年"栏中。

5. 新市场开拓投资/ISO 资格认证投资

本期无此业务。

6. 关账

财务总监汇总现金流量表,编制综合管理费用明细表、资产负债表和利润表,提交指导教师审核并录入登记表中作为下年企业申请贷款和成绩评定的依据。第五年年末现金的流量见表 4-76。

表 4-76　第五年年末现金流量表

单位:百万元

操作顺序		项　目	1 季度	2 季度	3 季度	4 季度
年初	1	新年度规划会议				
	2	支付上年应交税	0			
	3	广告费	9			
	4	参加订货会/登记销售订单				
年中	1	季初现金余额	10	45	32	39
	2	应收款到期(+)	40			22
	3	变卖生产线(+)				
	4	变卖原料/产品(+)				
	5	变卖厂房(+)				
	6	短期贷款(+)			20	40
	7	归还短贷及利息				21

续表

操作顺序	项　目	1季度	2季度	3季度	4季度
8	贴现费用				
9	高利贷贷款（＋）				
10	归还高利贷及利息				
11	原料采购支付现金		8	8	8
12	成品采购支付现金				10
13	设备改造费				
14	生产线投资				
15	加工费用	4	4	4	4
16	产品研发				
17	行政管理费	1	1	1	1
18	其他				
19	收入总计	40	0	20	62
20	支出总计	5	13	13	44
21	季末现金余额	45	32	39	57
1	长期贷款				
2	归还长期贷款及利息				37
3	设备维修费				8
4	租金				
5	购买新建筑				
6	计提折旧				9
7	市场开拓投资				
8	ISO认证投资				
9	年末现金对账				12
10	关账				

第五年的综合管理费用明细表、利润表和资产负债表，见表4-77至表4-79。

表 4-77　第五年综合管理费用明细表

单位：百万元

项　目	金　额
行政管理费	4
广告费	9
设备维修费	8
设备改造费	0
租金	0
产品研发	0
市场开拓	0
ISO认证	0
其他	0
合　计	21

表 4-78　第五年利润表

单位：百万元

项　目	上一年	本年
一、销售收入	82	112
减：成本	36	54
二、毛利	46	58
减：综合费用	18	21
折旧	9	9
财务净损益	−10	−8
三、营业利润	9	20
加：营业外净收益	0	0
四、利润总额	9	20
减：所得税	0	0
五、净利润	9	20

表 4-79　第五年资产负债表

年　月　日
单位:百万元

资　产	年初数	期末数	负债及所有者权益	年初数	期末数
流动资产:			负债:		
现金	19	12	短期负债	20	60
应收账款	40	90	应付账款	0	8
原材料	0	0	应交税金	0	0
产成品	4	0	长期负债	70	40
在制品	6	14			
流动资产合计	69	116	负债合计	90	108
固定资产:			所有者权益:		
土地建筑原价	40	40	股东资本	70	70
机器设备净值	27	18	以前年度利润	—18	—9
在建工程	15	15	当年净利润	9	20
固定资产合计	82	73	所有者权益合计	61	81
资产总计	151	189	负债及权益总计	151	189

第五年经营结束,指导教师对整体情况进行总结,并进行知识点补充。

任务九　ERP 沙盘企业模拟对抗第六年

一、年初工作阶段

第六个经营年度的企业经营决策会议召开后,第六年重要决策见表 4-80。

表 4-80　第六年重要决策

1 季度	2 季度	3 季度	4 季度	年　底
申请 20 M 短期贷款		归还 20 M 短期贷款	归还 40 M 短期贷款	归还 20 M 长期贷款

指导教师宣布时间,要求 5 分钟之内各企业的销售总监提交广告投放方案,准备召开第六年的订货会。A 企业的广告投放方案见表 4-81。

表 4-81　A 企业的广告投放方案(第六年)

市场类别	Beryl	Crystal	Ruby	Saphire
本　地			3 M	
区　域		1 M		
国　内			1 M	
亚　洲			4 M	
国　际				

指导教师将所有广告投放方案录入系统后,召开第六年的订货会。根据A企业的排名和取得的市场老大地位,销售总监拿到的订单如图4-25~图4-28所示。

<table>
<tr><td>Crystal　(Y6,区域)

3×9.0 M=27 M

账期:1Q　交货:Q4</td><td>Ruby　(Y6,本地)

2×11.0 M=22 M

账期:1Q　交货:Q2</td></tr>
</table>

图4-25　A企业第六年销售订单(1)　　　图4-26　A企业第六年销售订单(2)

<table>
<tr><td>Ruby　(Y6,国内)

4×8.0 M=32 M

账期:2Q　交货:Q4</td><td>Ruby　(Y6,亚洲)

2×11.0 M=22 M

账期:1Q　交货:Q2</td></tr>
</table>

图4-27　A企业第六年销售订单(3)　　　图4-28　A企业第六年销售订单(4)

A企业的CEO按照任务清单的顺序领导小组成员开始经营活动。

1.支付应付税

本期无此业务。

2.支付广告费

财务总监取出9 M的现金(灰色币)放在沙盘的"广告费"处,并在"现金流量表"中做好记录。

3.参加订货会/登记销售订单

销售总监根据订单及时地进行"订单"表登记,见表4-82。

表4-82　第六年订单(取得)

项　目	1	2	3	4	5	6	合计
市场	区域	本地	国内	亚洲			
产品名称	Crystal	Ruby	Ruby	Ruby			
账期	1Q	1Q	2Q	1Q			
交货期	Q4	Q2	Q4	Q2			
单价	9.0 M	11.0 M	8.0 M	11.0 M			
订单数量	3	2	4	2			
订单销售额	27.0 M	22.0 M	32.0 M	22.0 M			
成本							
毛利							

CEO主持讨论各个部门每个季度具体的工作安排。

二、年中工作阶段

1.第六年第一个经营周期

(1)更新短期贷款/短期贷款还本付息/申请短期贷款。

财务总监将代表两笔贷款的60 M红色币向"现金"方向推移一格,同时申请新的20 M短期贷款,并在"现金流量表"中做相应的记录。

(2)更新应付款/归还应付款。

财务总监将代表应付款的 8 M 红色币和用于偿还的 8 M 灰色币一起交付给供应商,并在"现金流量表"中做相应的记录。

(3)更新原料订单/原材料入库。

采购总监购买 1 个 M1、3 个 M2 和 4 个 M3 的原材料(蓝色币),并领取 8 M 的应付账款(红色币),放到"原材料库"和"应付款"中的相应区域。

(4)下原料订单。

采购总监向指导教师申领 3 个 M2 和 4 个 M3 的黄色币,并放在"原材料订单"中相对应的"1Q"区域内。

(5)更新生产/完工入库。

生产总监将四条生产线上的在制品入库。

此时"成品库"中共有 1 个 Beryl、1 个 Crystal 和 2 个 Ruby。

(6)投资新生产线/生产线转产/变卖生产线。

本期无此业务。

(7)开始下一批生产。

四条生产线开始新一轮生产。财务总监在"现金流量表"中做相应的记录。

(8)产品研发投资。

本期无此业务。

(9)更新应收款/应收款收现。

财务总监将应收账款向"现金"方向移一格,并收取 30 M 的应收账款。

(10)按订单交货。

本期无此业务。

(11)出售/抵押厂房。

本期无此业务。

(12)支付行政管理费用。

财务总监将 1 M 放在"管理费用"处,并在"现金流量表"中做相应的记录。

(13)季末现金对账。

财务总监将"现金流量表"中的收入和支出分别汇总,计算出现金余额,并盘点现金,进行核对。

第六年第一季度现金的流量见表 4-83。

表 4-83　第六年第一季度现金流量表

单位:百万元

操作顺序		项　目	1 季度	2 季度	3 季度	4 季度
年初	1	新年度规划会议				
	2	支付上年应交税	0			
	3	广告费	9			
	4	参加订货会/登记销售订单				

续表

操作顺序		项　目	1季度	2季度	3季度	4季度
年中	1	季初现金余额	3			
	2	应收款到期（＋）	30			
	3	变卖生产线（＋）				
	4	变卖原料/产品（＋）				
	5	变卖厂房（＋）				
	6	短期贷款（＋）	20			
	7	归还短贷及利息				
	8	贴现费用				
	9	高利贷贷款（＋）				
	10	归还高利贷及利息				
	11	原料采购支付现金	8			
	12	成品采购支付现金				
	13	设备改造费				
	14	生产线投资				
	15	加工费用	4			
	16	产品研发				
	17	行政管理费	1			
	18	其他				
	19	收入总计	50			
	20	支出总计	13			
	21	季末现金余额	40			
年末	1	长期贷款				
	2	归还长期贷款及利息				
	3	设备维修费				
	4	租金				
	5	购买新建筑				
	6	计提折旧				
	7	市场开拓投资				
	8	ISO认证投资				
	9	年末现金对账				
	10	关账				

第六年第一季度经营结束。

2. 第六年第二个经营周期

（1）更新短期贷款/短期贷款还本付息/申请短期贷款。

财务总监将代表两笔贷款的80 M红色币向"现金"方向推移一格。

（2）更新应付款/归还应付款。

财务总监将代表应付款的 8 M 红色币和用于偿还的 8 M 灰色币一起交付给供应商,并在"现金流量表"中做相应的记录。

(3)更新原料订单/原材料入库。

采购总监购买 3 个 M2 和 4 个 M3 的原材料(蓝色币),并领取 7 M 的应付账款(红色币),放到"原材料库"和"应付款"中的相应区域。

(4)下原料订单。

采购总监向指导教师申领 2 个 M2 的黄色币,并放在"原材料订单"中相对应的"1Q"区域内。

(5)更新生产/完工入库。

生产总监将四条生产线上的在制品入库。

此时"成品库"中共有 1 个 Beryl、2 个 Crystal 和 4 个 Ruby。

(6)投资新生产线/生产线转产/变卖生产线。

本期无此业务。

(7)开始下一批生产。

Beryl 的生产线暂停生产,其余三条生产线开始新一轮生产。财务总监在"现金流量表"中做相应的记录。

(8)产品研发投资。

本期无此业务。

(9)更新应收款/应收款收现。

财务总监收取 60 M 的应收账款。

(10)按订单交货。

销售总监向本地市场的客户交 2 个 Ruby 产品,向亚洲市场的客户交 2 个 Ruby 产品,收取 1 个账期的应收款 44 M,同时完成订单表的登记,见表 4-84。

表 4-84 第六年订单(部分完成)

项 目	1	2	3	4	5	6	合计
市场	区域	本地	国内	亚洲			
产品名称	Crystal	Ruby	Ruby	Ruby			
账期	1Q	1Q	2Q	1Q			
交货期	Q4	Q2	Q4	Q2			
单价	9.0 M	11.0 M	8.0 M	11.0 M			
订单数量	3	2	4	2			
订单销售额	27.0 M	22.0 M	32.0 M	22.0 M			44.0 M
成本		8.0 M		8.0 M			16.0 M
毛利		14.0 M		14.0 M			28.0 M

(11)出售/抵押厂房。

本期无此业务。

(12)支付行政管理费用。

财务总监将 1 M 放在"管理费用"处,并在"现金流量表"中做相应的记录。

(13)季末现金对账。

财务总监将"现金流量表"中的收入和支出分别汇总,计算出现金余额,并盘点现金,进行核对。

第六年第二季度现金的流量见表 4-85。

表 4-85 第六年第二季度现金流量表

单位:百万元

操作顺序		项　目	1 季度	2 季度	3 季度	4 季度
年初	1	新年度规划会议				
	2	支付上年应交税	0			
	3	广告费	9			
	4	参加订货会/登记销售订单				
年中	1	季初现金余额	3	40		
	2	应收款到期(＋)	30	60		
	3	变卖生产线(＋)				
	4	变卖原料/产品(＋)				
	5	变卖厂房(＋)				
	6	短期贷款(＋)	20			
	7	归还短贷及利息				
	8	贴现费用				
	9	高利贷贷款(＋)				
	10	归还高利贷及利息				
	11	原料采购支付现金	8	8		
	12	成品采购支付现金				
	13	设备改造费				
	14	生产线投资				
	15	加工费用	4	3		
	16	产品研发				
	17	行政管理费	1	1		
	18	其他				
	19	收入总计	50	60		
	20	支出总计	13	12		
	21	季末现金余额	40	88		
年末	1	长期贷款				
	2	归还长期贷款及利息				
	3	设备维修费				
	4	租金				
	5	购买新建筑				
	6	计提折旧				

操作顺序		项　目	1季度	2季度	3季度	4季度
年末	7	市场开拓投资				
	8	ISO 认证投资				
	9	年末现金对账				
	10	关账				

第六年第二季度经营结束。

3. 第六年第三个经营周期

（1）更新短期贷款/短期贷款还本付息/申请短期贷款。

财务总监将代表贷款的红色币向"现金"方向移动一格,偿还到期的 20 M 短期贷款和1 M 的利息,并在"现金流量表"中做相应的记录。

（2）更新应付款/归还应付款。

财务总监将代表应付款的 7 M 红色币和用于偿还的 7 M 灰色币一起交付给供应商,并在"现金流量表"中做相应的记录。

（3）更新原料订单/原材料入库。

采购总监购买 2 个 M2 和 4 个 M3 的原材料(蓝色币),并领取 6 M 的应付账款(红色币),放到"原材料库"和"应付款"中的相应区域。

（4）下原料订单。

本期无此业务。

（5）更新生产/完工入库。

生产总监将三条生产线上的在制品入库。

此时"成品库"中共有 3 个 Crystal 和 2 个 Ruby。

（6）投资新生产线/生产线转产/变卖生产线。

本期无此业务。

（7）开始下一批生产。

第二和第四条生产线开始新一轮生产。财务总监在"现金流量表"中做相应的记录。

（8）产品研发投资。

本期无此业务。

（9）更新应收款/应收款收现。

财务总监收取 44 M 的应收账款。

（10）按订单交货。

本期无此业务。

（11）出售/抵押厂房。

本期无此业务。

（12）支付行政管理费用。

财务总监将 1 M 放在"管理费用"处,并在"现金流量表"中做相应的记录。

（13）季末现金对账。

财务总监将"现金流量表"中的收入和支出分别汇总,计算出现金余额,并盘点现金,进行核对。

第六年第三季度现金的流量见表 4-86。

表 4-86 第六年第三季度现金流量表

单位：百万元

操作顺序		项 目	1季度	2季度	3季度	4季度
年初	1	新年度规划会议				
	2	支付上年应交税	0			
	3	广告费	9			
	4	参加订货会/登记销售订单				
年中	1	季初现金余额	3	40	88	
	2	应收款到期(＋)	30	60	44	
	3	变卖生产线(＋)				
	4	变卖原料/产品(＋)				
	5	变卖厂房(＋)				
	6	短期贷款(＋)	20			
	7	归还短贷及利息			21	
	8	贴现费用				
	9	高利贷贷款(＋)				
	10	归还高利贷及利息				
	11	原料采购支付现金	8	8	7	
	12	成品采购支付现金				
	13	设备改造费				
	14	生产线投资				
	15	加工费用	4	3	2	
	16	产品研发				
	17	行政管理费	1	1	1	
	18	其他				
	19	收入总计	50	60	44	
	20	支出总计	13	12	31	
	21	季末现金余额	40	88	101	
年末	1	长期贷款				
	2	归还长期贷款及利息				
	3	设备维修费				
	4	租金				
	5	购买新建筑				
	6	计提折旧				
	7	市场开拓投资				
	8	ISO认证投资				
	9	年末现金对账				
	10	关账				

第六年第三季度经营结束。

4. 第六年第四个经营周期

（1）更新短期贷款/短期贷款还本付息/申请短期贷款。

财务总监将代表贷款的红色币向"现金"方向移动一格，偿还到期的 40 M 短期贷款和 2 M 的利息，并在"现金流量表"中做相应的记录。

（2）更新应付款/归还应付款。

财务总监将代表应付款的 6 M 红色币和用于偿还的 6 M 灰色币一起交付给供应商，并在"现金流量表"中做相应的记录。

（3）更新原料订单/原材料入库。

本期无此业务。

（4）下原料订单。

本期无此业务。

（5）更新生产/完工入库。

生产总监将第二和第四条生产线上的在制品入库。

此时"成品库"中共有 3 个 Crystal 和 4 个 Ruby。

（6）投资新生产线/生产线转产/变卖生产线。

本期无此业务。

（7）开始下一批生产。

本期无此业务。

（8）产品研发投资。

本期无此业务。

（9）更新应收款/应收款收现。

本期无此业务。

（10）按订单交货。

销售总监向区域市场的客户交 3 个 Crystal 产品，向国内市场的客户交 4 个 Ruby 产品，收取 1 个账期的应收款 27 M 和 2 个账期的应收款 32 M，同时完成订单表的登记，见表 4-87。

表 4-87　第六年订单（完成）

项　目	1	2	3	4	5	6	合计
市场	区域	本地	国内	亚洲			
产品名称	Crystal	Ruby	Ruby	Ruby			
账期	1Q	1Q	2Q	1Q			
交货期	Q4	Q2	Q4	Q2			
单价	9.0 M	11.0 M	8.0 M	11.0 M			
订单数量	3	2	4	2			
订单销售额	27.0 M	22.0 M	32.0 M	22.0 M			103.0 M
成本	12.0 M	8.0 M	16.0 M	8.0 M			44.0 M
毛利	15.0 M	14.0 M	16.0 M	14.0 M			59.0 M

(11)出售/抵押厂房。

本期无此业务。

(12)支付行政管理费用。

财务总监将1 M放在"管理费用"处,并在"现金流量表"中做相应的记录。

(13)季末现金对账。

财务总监将"现金流量表"中的收入和支出分别汇总,计算出现金余额,并盘点现金,进行核对。

第六年第四季度现金的流量见表4-88。

表4-88　第六年第四季度现金流量表

单位:百万元

操作顺序		项　目	1季度	2季度	3季度	4季度
年初	1	新年度规划会议				
	2	支付上年应交税	0			
	3	广告费	9			
	4	参加订货会/登记销售订单				
年中	1	季初现金余额	3	40	88	101
	2	应收款到期(＋)	30	60	44	
	3	变卖生产线(＋)				
	4	变卖原料/产品(＋)				
	5	变卖厂房(＋)				
	6	短期贷款(＋)	20			
	7	归还短贷及利息			21	42
	8	贴现费用				
	9	高利贷贷款(＋)				
	10	归还高利贷及利息				
	11	原料采购支付现金	8	8	7	6
	12	成品采购支付现金				
	13	设备改造费				
	14	生产线投资				
	15	加工费用	4	3	2	
	16	产品研发				
	17	行政管理费	1	1	1	1
	18	其他				
	19	收入总计	50	60	44	0
	20	支出总计	13	12	31	49
	21	季末现金余额	40	88	101	52
年末	1	长期贷款				
	2	归还长期贷款及利息				

续表

操作顺序		项 目	1季度	2季度	3季度	4季度
年末	3	设备维修费				
	4	租金				
	5	购买新建筑				
	6	计提折旧				
	7	市场开拓投资				
	8	ISO 认证投资				
	9	年末现金对账				
	10	关账				

第六年第四季度经营结束。

从此时开始不再接受原材料订单和贷款申请，也不再接受产品交货，各组开始年末结算。

三、年末工作阶段

1. 支付长期贷款利息/更新长期贷款/申请长期贷款

财务总监支付长期贷款利息 4 M，放在"利息"中，偿还到期的 20 M 长期贷款。

2. 支付设备维修费

目前有四条使用中的生产线，财务总监将 8 M 放在"维修费"处，并在"现金流量表"中做相应的记录。

3. 支付租金(或购买建筑)

本期无此业务。

4. 计提折旧

三条生产线共计提折旧费 12 M。该笔费用直接计入"利润表"中"折旧"项的"本年"栏中。

5. 新市场开拓投资/ISO 资格认证投资

本期无此业务。

6. 关账

财务总监汇总现金流量表，编制综合管理费用明细表、资产负债表和利润表，提交指导教师审核，并录入登记表中作为下年企业申请贷款和最终成绩评定的依据。第六年年末现金的流量见表 4-89。

表 4-89 第六年年末现金流量表

单位：百万元

操作顺序		项 目	1季度	2季度	3季度	4季度
年初	1	新年度规划会议				
	2	支付上年应交税	0			
	3	广告费	9			
	4	参加订货会/登记销售订单				

续表

操作顺序		项　目	1 季度	2 季度	3 季度	4 季度
年中	1	季初现金余额	3	40	88	101
	2	应收款到期（＋）	30	60	44	
	3	变卖生产线（＋）				
	4	变卖原料/产品（＋）				
	5	变卖厂房（＋）				
	6	短期贷款（＋）	20			
	7	归还短贷及利息			21	42
	8	贴现费用				
	9	高利贷贷款（＋）				
	10	归还高利贷及利息				
	11	原料采购支付现金	8	8	7	6
	12	成品采购支付现金				
	13	设备改造费				
	14	生产线投资				
	15	加工费用	4	3	2	
	16	产品研发				
	17	行政管理费	1	1	1	1
	18	其他				
	19	收入总计	50	60	44	0
	20	支出总计	13	12	31	49
	21	季末现金余额	40	88	101	52
年末	1	长期贷款				
	2	归还长期贷款及利息				24
	3	设备维修费				8
	4	租金				
	5	购买新建筑				
	6	计提折旧				12
	7	市场开拓投资				
	8	ISO 认证投资				
	9	年末现金对账				20
	10	关账				

第六年的综合管理费用明细表、利润表和资产负债表，见表 4-90 至表 4-92。

表 4-90　第六年综合管理费用明细表

单位:百万元

项　目	金　额
行政管理费	4
广告费	9
设备维修费	8
设备改造费	0
租金	0
产品研发	0
市场开拓	0
ISO 认证	0
其他	0
合　计	21

表 4-91　第六年利润表

单位:百万元

项　目	上一年	本年
一、销售收入	112	103
减:成本	54	44
二、毛利	58	59
减:综合费用	21	21
折旧	9	12
财务净损益	−8	−7
三、营业利润	20	19
加:营业外净收益	0	0
四、利润总额	20	19
减:所得税	0	4
五、净利润	20	15

表 4-92　第六年资产负债表

年　月　日

单位:百万元

资　产	年初数	期末数	负债及所有者权益	年初数	期末数
流动资产:			负债:		
现金	12	20	短期负债	60	20
应收账款	90	59	应付账款	8	0
原材料	0	0	应交税金	0	4
产成品	0	0	长期负债	40	20
在制品	14	0			
流动资产合计	116	79	负债合计	108	44
固定资产:			所有者权益:		
土地建筑原价	40	40	股东资本	70	70
机器设备净值	18	21	以前年度利润	−11	11
在建工程	15	0	当年净利润	22	15
固定资产合计	73	61	所有者权益合计	81	96
资产总计	189	140	负债及权益总计	189	140

　　企业经营团队总结本年度的各项工作。同时,指导教师取走沙盘上企业支出的各项费用。第六年经营结束,指导教师对整体情况进行总结,并进行知识点补充。

任务十　ERP 沙盘企业模拟对抗第七年

　　指导教师根据各自课程的安排,考虑是否继续做第七个年度的经营。

　　模拟经营结束后,需要做的工作如下:

首先,指导教师根据各组的经营结果(主要考虑所有者权益和资产分布的情况)和在过程中的综合表现进行点评。

然后,各组分别讨论,找出各自企业经营中遇到的难题和失误,分析经营策略,找出解决问题的思路。

最后,各小组的代表发言,进行自评,并在课后做出书面的总结。

特别需要说明的是,本章提供的案例是刻意选取的一个并不成功的经验策略,其中在筹资、采购、销售和生产组织等环节的决策都存在问题。学员可以通过对此案例的分析,了解规则,熟悉流程,总结经验,吸取教训。

项目小结

本章主要介绍模拟企业的概况,包括企业财务情况及其初始盘面,为实战对抗做好准备;详细介绍了模拟对抗流程及每个阶段应做的工作;通过完整的实例介绍,模拟了一个企业七年的经营实战,学会在"参与中学习",学会用战略的眼光看企业的业务和经营,建立全局的观念,加强合作精神,使企业的利润最大化得以实现。

项目五　反思 ERP 沙盘企业模拟对抗

职业能力目标

1. 能够结合模拟企业经营体验，反思模拟企业经营的战略规划。
2. 能够结合模拟企业经营体验，反思模拟企业经营的财务规划。
3. 能够结合模拟企业经营体验，反思模拟企业经营的营销规划。
4. 能够结合模拟企业经营体验，反思模拟企业经营的运营规划。

典型工作任务

任务一　模拟企业经营的战略规划
任务二　模拟企业经营的财务规划
任务三　模拟企业经营的营销规划
任务四　模拟企业经营的运营规划

任务一　模拟企业经营的战略规划

企业经营的目的是在有限的时间内实现企业价值最大化。企业价值最大化，一方面是通过增加销售收入、控制费用支出、增加净利润来实现；另一方面是使企业可持续发展的能力最大化，即通过经营使企业的资金充裕，厂房、设备先进，市场开发充分，产品品种丰富，市场占有率高，企业信用好等。

ERP 沙盘模拟经营与现实企业经营一样，真正要经营好，需要付出艰辛的努力，需要高度的智慧和高超的技巧，需要理性的分析和正确的决策，需要小组成员的精诚团结和鼎力合作，需要认真细致、踏踏实实做好每一项工作。要在经营中取得好成绩，需要多方面的协调配合。总经理要总揽全局，科学指挥，确定科学的发展规划，加强过程监督和队伍的情绪控制，预防差错的发生。

在实际经营过程中,战略规则涉及很多内容,但对于 ERP 沙盘模拟企业而言,主要包括市场开发规划、ISO 资格认证规划、生产线投资规划、产品开发规划、产品生产规划等几个方面。战略规划从时间上分,包括中长期规划和短期规划。中长期规划一般在五年以上,短期规划一般为一年。模拟企业的战略规划应当重视短期规划,短期规划一般在每年年初进行(经营流程中的"计划新的一年"环节)。

一、市场开发规划

在进行市场开发规划前必须明确这样几个问题:

(1)企业为什么要进行市场开发?

(2)应当开发哪些市场?

(3)什么时候开发?

(4)是否市场开发越多对企业越有利?

在沙盘模拟中,企业的产品销售市场包括本地市场、区域市场、国内市场、亚洲市场、国际市场五个市场,每个市场开发周期不同,开发费用也不同。企业在确定开发市场时,并不是开发的市场越多越好。在企业的产品品种丰富、产量较多的情况下,开发的市场越多,产品销售渠道越多,产品越容易实现销售。但如果企业资金紧张,产品产量又少,盲目开发市场不仅会导致资金更紧张,而且开发出来的市场不能得到充分的利用,则企业的市场开发战略就是不妥当的。

因此,企业在开发市场时需综合考虑以下几个因素:

首先,要研究每个市场的销售特点及发展趋势。不同的市场在不同的阶段,其产品需求量和价格是不一样的。为此,应当研究每个市场不同产品的需求量和价格水平,比较相同年份相同产品在不同市场的情况,确定出企业在不同年份应当进入的市场,从而确定本企业要进入的重点市场以及市场开发的时间。

其次,要估计竞争对手可能进入的市场,避强趋弱。在市场上,随时都面临着激烈的竞争,为此企业应当从竞争对手的产品开发、市场开发情况出发,分析竞争对手可能重点开发的市场。在市场开发上尽可能抢占先机,如果可能,避开竞争激烈的市场,当然,竞争的激烈程度也是相对而言的。比如,如果本企业的产品丰富,企业可以通过丰富的产品占领市场。

再次,要考虑本企业的产品战略,确定企业的目标市场。对于不同的产品,在不同的阶段、不同的市场,其价格和市场需求量是不同的。为此,在制定本企业的市场开发战略时,应当结合企业的产品战略进行考虑。比如,企业重点生产的产品是 Ruby,如果 Ruby 产品的需求量主要集中在国内市场和亚洲市场,国际市场的需求量很小,那么,企业就应当回避国际市场,主打国内市场和亚洲市场。

最后,要考虑本企业的资金情况量力而行。对于企业而言,当然希望市场越多越好,但是开发市场是需要投资的。如果开发了某市场,而该市场又没有发挥应有的作用,则开发是失败的。市场开发要考虑企业的资金情况,不仅应当考虑进行市场开发可能对本年资金的影响,还应当考虑可能对本年净利润、对本年所有者权益的影响。所有者权益最终会影响下一年的借款额度。所以,市场开发不仅是市场的问题,而且包含企业的经营成果和后续融资等一系列问题。

一般而言,企业根据产品情况,应当开发三个以上的市场。如果资金许可,应尽可能早开发。当然,如果企业的资金控制不好,在某个年份出现了严重的资金短缺,则应当暂时停止市场开发,首先考虑生存问题。

二、ISO 资格认证规划

ISO 资格认证包括 ISO 9000 资格认证和 ISO 14000 资格认证。通过开发 ISO 资格认证，企业可以取得具有 ISO 认证条件的产品订单。但一般而言，只有部分市场对 ISO 认证条件有要求。所以企业是否开发 ISO 资格认证，需要结合企业的市场开发情况来定。比如，企业主要进入的是本地市场、区域市场和国内市场，通过市场预测我们可以得知，这三个市场对 ISO 认证条件要求不高，在资金偏紧的情况下就可以不考虑开发。

同样，如果企业主要占领的是亚洲市场和国际市场，这两个市场对 ISO 认证条件有要求，但时间比较靠后，一般在后两年才有要求，则企业可以推迟开发，这样既不影响产品的销售，又没有过早占用资金，提高了资金的使用效率。

所以，企业在进行 ISO 资格认证规划时，主要应当考虑企业的资金情况、目标市场和开发时间三方面的内容。

三、生产线投资规划

企业要增加利润，必须增加利润高的产品的销售量，而销售量的增加必然涉及产品的生产线问题。所以，生产线投资属于生产的问题。在 ERP 沙盘模拟经营中，可供选择的生产线包括手工生产线、半自动生产线、全自动生产线、柔性生产线四种，每种生产线的安装周期、安装费用、转产费用各不相同，这里涉及企业应当购买什么生产线、购买多少、什么时候购买的问题。一般情况下，如果企业资金和市场许可，企业应尽可能购买全自动生产线并配置 1～2 条柔性生产线，并且安装完成的时间越早越好。

企业在进行生产线投资规划时，应当考虑以下几个方面的问题。

（1）企业的资金情况。企业在进行购买生产线的决策时，首先应当考虑的是企业的资金情况。这里的资金情况不仅包括当期的资金情况，还包括后期资金的投入情况，因为购买、安装生产线是分期投入的，而且生产线完工、投入产品生产时还涉及购买原材料和支付加工费等支出，所以，企业在购买生产线时应当考虑购买了生产线对当期及后期的影响，防止由于资金紧张而中途停止安装和资金不足而导致安装完成后停工的情况。为了保证资金不出现问题，企业最好的方式就是编制现金预算，最好是两年以上的滚动预算。

（2）产品开发完工的时间。企业在购买生产线时，应当测算生产线的完工时间。在生产线安装完工的当期，企业就能投入产品生产才是最佳方案。如第 1 年第 2 季度开始购买全自动生产线生产 Crystal 产品，第 2 年第 2 季度该生产线安装完工可以上线生产，如果此时 Crystal 产品也刚刚研发成功，则该条全自动生产线的购买时机就是最佳的。如果在第 1 年第 1 季度就开始购买全自动生产线生产 Crystal 产品，第 2 年第 1 季度该生产线安装成功可以生产产品，但 Crystal 产品的生产资格还未获得，生产线需停工 1 个季度，则该条全自动生产线的购买时机就提早了 1 个季度。

（3）是否转产。企业的生产线包括四种，每种生产线的转产周期和转产费用是不同的。如果企业不准备转产，则应尽可能考虑全自动生产线；如果企业预计生产线需要转产或者为了竞争的需要而转产，如果资金许可，则应考虑柔性生产线。当然，如果已经到了经营后期，企业就应尽可能事先做好生产线产品生产的规划，尽可能不考虑转产的问题。

企业在制定生产线投资规划时，除了要考虑以下几个方面的问题以外，还应当考虑折旧对

当期利润的影响,以及剩余经营时间所能生产产品的产量等问题。

四、产品开发规划

在模拟企业中,产品品种越多,则在各个市场拿单的概率越大,对于提高广告效益有很大帮助。同时产品品种丰富,企业在决定新生产线的产品生产时可以选择利润较大的品种,增加了选择的主动性和灵活性。但是,产品开发需要一定的周期,而且需要投入一定的开发费用,所以产品的开发就存在开发什么产品、什么时候开发的问题。

企业在进行产品开发规划时,应当考虑以下几点。

(1)企业目标市场中产品的预计销售量和预计利润水平。企业开发的产品只有能大量生产并能及时销售出去才能真正产生效益,否则,一般情况下,产品的开发就是失败的。而企业要将生产出来的产品销售出去,首先要考虑市场需求量,只有市场有需求,企业才能进行开发生产。但是,如果市场的需求量不是很大,而所有企业都开发生产的话,势必增加竞争,对企业也非常不利。其次要考虑目标市场产品的预测利润水平,企业应根据各个市场产品的利润水平综合做出企业的产品开发规划。

(2)根据产品的利润水平综合做出企业的产品开发规划。企业在进行产品开发时,应当预测竞争对手的产品开发规划,尽可能在产品上形成错位竞争。在进行决策时,可以从竞争对手的市场开发情况、生产线情况、资金情况等方面入手,分析竞争对手的产品开发规划。一般在模拟经营中,可根据第一年各企业的竞单顺序,初步确定各企业获得的客户订单,再根据年末的经营利润情况,结合企业自身的经营利润来分析判断各企业大致的产品开发规划。

(3)企业自身的生产能力。一般情况下,企业的产品品种越丰富,企业产品生产的灵活性越强。但是,企业开发产品应当结合企业的生产能力,否则,产品开发出来以后,由于生产能力不足,会导致开发出来的产品不能生产而形成资源的浪费。一般情况下,企业每种产品每年的产量应在5件以上,否则就没有竞争力,也不能形成规模效益。

(4)企业的资金状况。开发产品需要投入资金,为此,企业应当考虑自身的资金状况。最基本的原则就是投入了产品开发,不会导致当期和后期出现资金断流。为此,企业应当做好现金预算。

五、产品生产规划

企业的产品开发出来以后,必须投入生产才能产生效益,这就涉及产品什么时候生产、生产多少的问题。一般情况下,只要企业的资金许可,就不应当停止产品的生产,即使当期销售任务已完成,生产产生了库存,也可以在后期通过扩大的市场需求销售出去。

企业在进行产品生产规划时,首先应考虑生产单位产品毛利润高的产品,如果各种产品单位毛利润比较接近,应当选择生产占用资金少的产品。其次应考虑资金的状况。在企业经营前期,资金紧张,一般不宜生产占用资金多的产品,如 Sapphire 产品,在经营后期,如果资金宽裕,应尽可能生产单件产品毛利润高的产品,如 Ruby 产品,这样才能保证利润的快速增长。

任务二　模拟企业经营的财务规划

一、财务预算

企业在经营过程中,需要作出各种各样的决策,如市场开发、产品开发、生产线投资等,有时决策之后发现资金紧张、材料无法按时购买、开发的产品不能如期生产、生产线停工,甚至出现现金断流的情况。当这些情况发生时,企业经营者常常感到措手不及。为什么在企业经营前期没有预见到这些问题呢?最关键的原因是我们缺乏对资金有力的控制和对资金的科学预算。要做好资金预算,最好的方式就是编制现金预算。

要编制现金预算,应当做好以下基础工作。

(1)预计各季度的现金流入。企业的现金来源主要是销售产品收到的现金,除此以外还包括出售厂房、变卖生产线收到的现金。在 ERP 沙盘模拟经营中,销售产品形成的货款一般都有账期,计应收账款,只有 0 账期的货款才直接变成现金。企业需根据产品下线情况,结合订单情况,明确每个季度的交货订单,从而明确每个季度有多少应收账款到期,收到多少现金。同时,企业在事先规划时,可以明确变卖生产线的时间,从而确定现金流入情况。出售厂房一般计 4 账期的应收账款,除非做贴现操作,否则当年无法收到现金。

(2)明确各季度应支付的固定费用。在 ERP 沙盘模拟经营中,企业的固定费用包括行政管理费、广告费、设备维护费、厂房租金等,这些费用基本上在年初就能确定下来。

(3)编制生产计划及采购计划,确定企业在各季度应投入的产品加工费。在每年年末,企业已经基本明确下一年产品的生产情况,包括投产的产品品种、投产数量和投产时间,企业可以根据这些资料明确各期发生的加工费支出。当然,为了防止差错的发生,企业在经营时可以借助生产运营记录表来进行排产,以确定各期产品的投入和产出情况。

(4)编制原材料采购计划,确定各期应当支付的材料款。材料采购必然涉及采购费用的支付问题,企业应当根据生产运营记录表编制原材料采购计划,从而确定各期应当支付的材料款。如果符合批量采购、延期付款的规则,则要根据采购计划和采购提前期确定到期的应付账款。

(5)根据开发或投资规划,确定各季度开发或投资的现金流出。企业的开发或投资规划草案可以在编制现金预算之前做出,也可以结合编制现金预算同时做出。如果事先已经编制了开发或投资规划预案,则应当测算出该开发或投资规划所需现金,并通过编制现金预算来测算是否在资金许可的范围内。当某种开发或投资规划发生现金支出后,如果出现了现金危机,而且这种危机不能通过其他融资途径来解决,或者虽然能通过其他融资途径来解决,但带来的风险很大,这种情况下就应当暂时停止该项开发或投资。

(6)确定现金短缺和不足,及时筹集资金。在明确了每个季度的现金流入和现金流出情况以后,就可以确定每个季度的现金短缺或盈余。如果现金短缺,就应当考虑如何筹集资金以解决资金缺口的问题。

二、资金筹集

当企业资金紧张、面临断流危险时,可以通过不同的途径筹集资金,使企业渡过暂时的资金危机;同时,企业也可以在不同的阶段利用不同的渠道筹集资金,为企业的快速发展提供资金上的保障。企业筹集资金的途径很多,包括贷款、民间融资、贴现、变卖生产线、出售厂房等,但由于每种方式各有特点,所以在使用时应区别对待。

1. 贷款

贷款是企业筹资的主要方式,通过贷款,企业可以解决资金短缺的困难,同时,如果企业资金运用合理,还可以取得远高于贷款利息的投资回报。所以,企业应当考虑适度的贷款。贷款

包括长期贷款和短期贷款。长期贷款贷款期限长,短期内没有还款的压力,但利率较高,年利率为 10％,筹资成本高,一般适用于固定资产等长期资产的投资。短期贷款利率相对较低,年利率为 5％,但贷款期限短,还款压力大,特别是在企业的所有者权益逐年降低而又不允许转贷的情况下,风险较大,一般适用于解决流动资金不足的问题,如购买原材料、支付加工费等。总的来说,贷款是企业筹集资金首先应考虑的方式,在不能贷款的情况下,再考虑其他的筹资方式。

2. 民间融资

借民间融资筹集资金,其贷款规则和短期贷款规则相似,但利率很高,年利率为 15％,筹资成本极高,而且在计算成绩时还要扣分,所以,该筹资方式一般不轻易采用。但是,如果企业已经由于资金短缺,正常贷款已没有额度,借民间融资缓解资金压力也是帮助企业暂时渡过难关的一种筹资方式。

3. 贴现

贴现是企业常用的一种筹资方式,这种筹资方式时间灵活,可以随时进行。但贴现需要有应收账款,而且使用成本高,贴息为 1/7,所以企业一般在资金非常困难、贷款额度和民间融资的额度都没有时才采用。当然,有时民间融资有额度,但所需资金缺口较小,为应急,也可以考虑先做贴现工作。

4. 变卖生产线

变卖生产线是指由于资金严重短缺而被迫出售正在使用的生产线的一种筹资方式。企业的生产线只能按残值出售,如果生产线净值远大于残值,企业出售生产线损失很大。而且,出售了生产线,意味着企业的生产能力下降,收入降低,对企业非常不利。所以,这种方式不到万不得已一般不采用。当然,企业也可能根据规划更新生产线而出售产能低的旧生产线,这种情况不包括在内。

5. 出售厂房

出售厂房可以筹集资金,但出售厂房必须先出售厂房内所有安装好的生产线。这种方式在没有贷款额度也没有民间融资额度且账上没有应收账款时才会考虑。出售厂房收到的是 4 期的应收账款,不能在当期取得现金,所以要提前考虑资金的需求情况,提前出售。一般情况下,出售厂房有两种情况:一种是主动出售,即在市场状况良好的情况下,企业资金筹集困难,但有比较好的发展前景时使用;另一种情况是被动出售,即当企业出现了现金断流,为了防止破产,不得已而采用这种方式。被动出售对于企业而言是非常危险的。

任务三　模拟企业经营的营销规划

产品销售面对的是一个变化且充满竞争的市场,很多方面都存在不确定性,所以对市场的研究和把握非常重要。一般而言,在营销环节应做好市场预测、合理投入广告、科学竞单、科学交货等工作。

一、准确预测市场,合理预测销售订单

在实际经营中,企业要准确预测市场需求是非常困难的。而在模拟企业中,由于给出了较为准确的市场预测图,所以,企业应当对市场预测图进行充分的分析,分析各个产品的预计销售数量、预计销售单价、有无销售条件的限制等。然后,为了能准确地行广告投放,应初步预计

可能的订单数量。

在进行市场预测时，为了便于了解各个市场的情况，可以制定市场需求预测表，见表 5-1。

表 5-1　市场需求预测表

市场	第　　年			
	产品	预计总需求量	预计单价	预计订单量
	Beryl			
	Crystal			
	Ruby			
	Sapphire			

二、分析竞争对手市场策略

企业经营面对的是一个充满竞争的市场，企业应对竞争对手进行充分的了解，从竞争对手的市场开发、预计产品销售量、资金状况等方面分析其可能的市场策略。

通过分析竞争对手的市场开发情况，明确各个市场的竞争状况，可以避免浪费广告。比如，在某年，各个竞争对手都生产 Pl 产品，并且大多数组年初都有库存，而该年只有本地市场和区域市场，那么，各个竞争对手对于 Pl 产品订单的争夺一般会比较激烈。在这种情况下，从稳健性的角度出发，企业不应过多地在各个市场投入广告，而应将重点放在自身的积累上，力争在每个市场取得 1 张订单就可以了。也就是说，不一定要得到最好的结果，但一定不要得到最坏的结果。对竞争对手的产量分析，可以从竞争对手的生产线、产品研发、资金状况等方面着手。将竞争对手的产量预测信息填入表 5-2 中，以备决策。

表 5-2　产量预测信息表

产品名称		A 组	B 组	C 组	……	……	……	……	合计
Beryl	期初库存								
	预计完工								
	合计								
Crystal	期初库存								
	预计完工								
	合计								
Ruby	期初库存								
	预计完工								
	合计								
Sapphire	期初库存								
	预计完工								
	合计								

通过对竞争对手的资金情况进行调查，可以分析竞争对手在广告投放上最大可能的投放量，有利于企业合理制定广告投放策略。在分析竞争对手的资金状况时，应包括企业年初的库存现金、应收账款以及企业上年年末的所有者权益。

三、科学制定广告策略

制定广告策略，主要是解决企业在哪些市场上投放广告、在哪些产品上投放广告以及投放多少的问题。企业在制定广告策略时，应把握以下原则。

1. 稳健性原则

稳健性要求企业认真分析市场情况，有目的地投放广告，不可意气用事，避免由于盲目投放广告而造成资金浪费。企业经营是理性的，需要科学地对待，应当尽量避免侥幸心理，也不应该有"赌"的心理。

第 1 年客户需求订单显示，平均每个经营小组只有 1 张订单，根据稳健性原则，企业投放的广告费最好为 1 M~3 M，但由于第 1 年账面资金充裕，所以竞争一般比较激烈，广告投放就可能存在一些非理性的因素。在这种情况下，从稳健性角度和长期发展出发，企业更不应当为了争取第 1 单而盲目投放过多的广告。经验表明，很多小组在第 1 年由于大量盲目投放广告，导致现金流出过多，而不得不推迟产品、市场的开发和生产线的改造，导致由于产能不能扩大而在后续经营中退出市场竞争。现金流出过多，也不得不在后台筹集更多的资金，同时，由于广告费用过高，导致当期利润不能相应增加，对后期的资金筹集也产生了一系列的负面影响。

2. 效益性原则

效益性是指尽可能使广告投入收益最大化。企业投放广告的目的是销售产品，所以企业在投放广告时应尽可能使投放的广告产生效益，而且是最大的收益。这就要求我们在品数量多的市场上适度地投放广告，在产品价格高的市场上拿到好订单，同时多争取毛利大的产品订单。

3. 全面性原则

全面性是指企业在制订广告策略时，应充分考虑影响产品销售的各种因素。企业在制订广告策略时，要事先预计市场的销售数量和订单情况、市场的竞争程度、竞争对手可能的市场策略、本企业及竞争对手的资金情况、本企业的重点市场以及实际生产经营状况，包括生产能力、材料供应等因素。只有在充分占有信息并分析信息的基础上，才能作正确的决策。市场是十分复杂而且多变的，为了准确预测市场，必须全面分析。

四、掌握竞单技巧

企业进行了正确的广告投放只是为能拿到订单提供了条件，但实际能不能拿到最佳的订单，关键在于竞单。所谓最佳的订单，是指将生产的产品全部销售完，使每张订单的产品毛利最大，账期最短。当然，要拿到真正最佳的订单是一种苛求，但却是一种努力的方向。企业在拿订单时，除了拿单时随机应变外，还应当注意以下问题。

1. 事先明确企业在每季度各种产品的生产情况

企业在竞单时，有时候会涉及有限制条件的订单，如加急订单，如果事先没有准确计算出各个季度生产产品的情况，在拿单时就会陷入被动。

2. 配合企业的资金预算选单

企业在竞单时，有时候会面临选择，比如有两张订单，销售数量都相同，不同的是账期和销售额：一张账期比较长，但总价比较高；另一张账期比较短，但总价相对较低。遇到这种情况应如何选单呢？一般情况下，如果企业资金比较紧张，就应选择账期比较短、总价相对较低的订单；如果企业没有资金困扰，则应选择总价高的订单。

3. 珍惜优先选单机会，配合产品产量选单

企业如果在某个市场上投放的广告比较多，就有优先选单的权利，在这种情况下，企业应充分把握好优先选单的机会。

如果本企业有两次以上的选单机会，应分析对手的产量和选单情况。如果本企业可以在本市场上拿任意订单都能交，首先应选择大单。如果通过分析，所有的竞争对手都不能拿最大订单，只有本企业可以拿，则应选择次大的订单，将最大订单放在最后来选，从而保证本企业的产品销售。

如果某市场某产品有 ISO 认证条件限制，而只有本企业投放了 ISO 资格认证广告，则只有本企业有选择该订单的权利，那么，如果本企业有两次选单机会，则应首先选择没有 ISO 认证条件要求的订单，最后选择有 ISO 认证条件要求的订单。这样，一方面可以保证本企业产品的销售；另一方面，由于竞争对手不能选择有 ISO 认证条件要求的订单，从而一定程度上遏制了竞争对手的产品销售，也是在利用合理规则打压竞争对手。

五、掌握交单技巧

企业拿到的销售订单，一般没有规定具体的交单时间，这样，企业在交单时，就可以配合企业的资金需要选择先交哪张订单。科学交单可以在一定程度上缓解企业的资金压力，可以避免由于筹资而发生无谓的财务费用支出。在选择交单顺序时，主要应配合企业的现金预算。企业可以根据事先编制的现金预算，测算出企业在某季度某步骤需要的现金量，当交货的订单在之前到期收现，则可避免贴现。

企业在确定销售订单的交单顺序时，应注意分析以下几个因素。

1. 账期

相同数量的两张订单，由于账期的不同，先交单和后交单会直接影响企业的现金回笼情况。在此我们分两种情况进行研究讨论。第一，在资金暂时不会断流的情况下，即不会因为这两张订单的账期差异而影响资金的正常运行时，我们就可以先交账期长的订单，后交账期短的订单；第二，在资金非常紧张、急需资金回笼的情况下，我们应先交账期短的订单，可以缓解短期的资金压力，尽可能减少贴现，减少财务费用，增大所有者权益，但如果只有靠贴现才能解决资金断流的问题，应考虑先交账期长的订单。

2. 数量

我们也可能遇到这样的情况：两张订单都是同种产品，但一张订单数量较大，另一张订单数量较小。通常情况下，我们都会在每个季度能交多少订单就交多少。有些时候，我们可以考虑将订单组合分配来交，即将产品囤积一个季度，留到下个季度再生产几个产品，一起把数量多的订单交了，因为订单的数量多，则它的销售总额肯定比数量少的销售总额大，有时我们很有可能就因为这点差额导致现金断流而破产，所以将订单的数量进行合理地组合进行交单也是很有必要的。

3. 销售总额

有时候我们交单纯粹就是为了贴现解决资金问题，在两张订单的产品、数量相同但销售总额不同的情况下，如一张订单总额为 20 M，另一张订单总额为 21 M，由于贴现规则是贴 7 的

倍数,如果我们需要13 M的现金才能满足资金需要,为了配合贴现,避免浪费,不管这两张订单的账期如何,都应先交21 M的订单,这样才能保证需要。

4.产品

有些情况是大家不愿意看到的,那就是生产总监将产能预算错误,出现拿回来的订单大于产能的情况,如果这样就只有违约了。比如,竞单结束后,发现多拿了一张Crystal产品的订单,但由于那张订单的总额太大,我们可以进行生产线的转产,将生产其他产品的生产线转为生产Crystal产品(前提是企业安装有方便转产的柔性生产线),这样尽可能把损失控制在最小的范围内,以减少赔款的金额。当然,还需要注意,如果转产需要提前订购原材料。

任务四　模拟企业经营的运营规划

一、生产制造

企业只有将产品生产出来,才能实现销售。企业也只有准确地计算出每个季度的产能,才能准确拿单。于是,排产成为生产管理的重要内容。排产也就是生成生产作业计划的过程。企业制定生产计划的过程一般分成两部分,首先生成主生产计划,其次是根据主生产计划生成生产作业计划。要得到主生产计划,一般企业是从订单,部分企业是从市场预测,产生出一个包含生产品种、数量、时间的简单生产计划。

但是,光有主生产计划是远远不够的。一个简单的主生产计划中的生产要求,要自动分解为复杂、具体的生产作业过程,这就是详细排产。一般来说,生产作业计划越详细,给出的信息就越丰富、越有价值,相应计算起来也就越困难。生产作业计划越粗略,越接近主生产计划,信息越少,价值就越低。

对企业来说,在不增加生产资源的情况下,通过最大限度地发挥当前资源能力的方式可以实现提高企业生产能力的目标。通过排产,给出了精确的物料使用和产出的时间、品种、数量信息,这些信息可以最大限度地减少企业的库存量。同时,这些信息可以用作生产决策的依据,改进质检、成本、库存、采购、设备维护、销售、运输模块的运转方式,大大提高运转效率,提升企业整体管理水平。

对于运营总监来说,应当注意把握以下问题。

(1)准确计算各条生产线每个季度产品的上线和下线情况。运营总监应在年初准确编制生产运营记录和原材料采购订单记录,计算出每个季度完工和上线的产品数量,并将完工产品信息报给营销总监,以便营销总监做出科学合理的销售策略;同时,将产品的投产情况,即每个季度原材料的需求量报告给采购总监,以便采购总监及时下原材料订单,及时购买。

(2)准确计算每个季度需要的加工费,报告给财务总监,以便财务总监安排支出。运营总监根据计算出的每个季度产品的投放数量,预计需要的加工费,并将该数据报给财务总监,财务总监据此编制现金预算。

(3)准确地更新和投产,防止差错的发生。在更新生产和开始下一批生产时,运营总监应按照生产线或产品的顺序依次更新和开始下一批生产,不可随意进行,否则容易出现差错。其他成员应监督运营总监,但不能代替运营总监的工作职责。

二、原材料采购

企业只有及时订购并采购原材料才能保证生产的正常进行。科学合理地采购原材料,既保证生产的需要,又不造成原材料的积压,是采购总监的目标。在原材料采购环节,应注意把握以下几个问题。

(1)准确计算并下原材料订单。要准确地下原材料订单,首先必须准确计算出什么时候下原材料订单、下多少订单。采购总监根据运营总监提供的原材料需求计划,考虑原材料采购提前期,以确定订货的时间。

(2)准确计算原材料采购费用。采购总监根据采购的原材料数量确定出每个季度需要的原材料采购费用,并将该采购费用数据提供给财务总监,财务总监据以编制现金预算,及时安排资金。

(3)准确、及时购买订购的原材料。采购总监应根据原材料订单,准确、及时购买订购的原材料,防止出现采购不及时,或者采购错误而给企业带来损失。

项目小结

本章主要通过前阶段模拟企业的经营概况,反思模拟企业经营的战略规划,反思模拟企业经营的财务规划,反思模拟企业经营的营销规划,反思模拟企业经营的运营规划,为今后的实际工作提供经验。

附录 A　角色分配安排

ERP 沙盘模拟企业经营实训的角色分配安排见表 A-1。

表 A-1　角色分配安排

序号	组别	姓名	角色

附录 B 模拟企业经营实训报告

模拟企业经营实训报告

年级：_____ 专业：_____ 班级：_____

实训时间：_____

实训小组成员：_____

任课教师：_____ 成绩评定：_____

一、实训目的：

二、实训环境：

三、ERP 沙盘模拟企业经营决策在企业发展中的必要性

四、ERP 沙盘模拟企业经营决策的总体思路及操作步骤（请认真填写下列表格）

表 B-1 起始年企业重要决策

1 季度	2 季度	3 季度	4 季度	年 底

表 B-2 起始年广告投放方案

市场类别	Beryl	Crystal	Ruby	Saphire
本　地				
区　域				
国　内				
亚　洲				
国　际				

表 B-3　起始年订单

项　目	1	2	3	4	5	6	合计
市场							
产品名称							
账期							
交货期							
单价							
订单数量							
订单销售额							
成本							
毛利							

表 B-4　起始年第一季度现金流量表

单位:百万元

操作顺序		项　目	1季度	2季度	3季度	4季度
年初	1	新年度规划会议				
	2	支付上年应交税				
	3	广告费				
	4	参加订货会/登记销售订单				
年中	1	季初现金余额				
	2	应收款到期(＋)				
	3	变卖生产线(＋)				
	4	变卖原料/产品(＋)				
	5	变卖厂房(＋)				
	6	短期贷款(＋)				
	7	归还短贷及利息				
	8	贴现费用				
	9	高利贷贷款(＋)				
	10	归还高利贷及利息				
	11	原料采购支付现金				
	12	成品采购支付现金				
	13	设备改造费				
	14	生产线投资				
	15	加工费用				
	16	产品研发				
	17	行政管理费				
	18	其他				
	19	收入总计				
	20	支出总计				
	21	季末现金余额				

续表

操作顺序		项　目	1季度	2季度	3季度	4季度
年末	1	长期贷款				
	2	归还长期贷款及利息				
	3	设备维修费				
	4	租金				
	5	购买新建筑				
	6	计提折旧				
	7	市场开拓投资				
	8	ISO 认证投资				
	9	年末现金对账				
	10	关账				

表 B-5　起始年第二季度现金流量表

单位:百万元

操作顺序		项　目	1季度	2季度	3季度	4季度
年初	1	新年度规划会议				
	2	支付上年应交税				
	3	广告费				
	4	参加订货会/登记销售订单				
年中	1	季初现金余额				
	2	应收款到期(＋)				
	3	变卖生产线(＋)				
	4	变卖原料/产品(＋)				
	5	变卖厂房(＋)				
	6	短期贷款(＋)				
	7	归还短贷及利息				
	8	贴现费用				
	9	高利贷贷款(＋)				
	10	归还高利贷及利息				
	11	原料采购支付现金				
	12	成品采购支付现金				
	13	设备改造费				
	14	生产线投资				
	15	加工费用				
	16	产品研发				
	17	行政管理费				
	18	其他				

续表

操作顺序		项　目	1 季度	2 季度	3 季度	4 季度
年中	19	收入总计				
	20	支出总计				
	21	季末现金余额				
年末	1	长期贷款				
	2	归还长期贷款及利息				
	3	设备维修费				
	4	租金				
	5	购买新建筑				
	6	计提折旧				
	7	市场开拓投资				
	8	ISO 认证投资				
	9	年末现金对账				
	10	关账				

表 B-6　起始年第三季度现金流量表

单位:百万元

操作顺序		项　目	1 季度	2 季度	3 季度	4 季度
年初	1	新年度规划会议				
	2	支付上年应交税				
	3	广告费				
	4	参加订货会/登记销售订单				
年中	1	季初现金余额				
	2	应收款到期(＋)				
	3	变卖生产线(＋)				
	4	变卖原料/产品(＋)				
	5	变卖厂房(＋)				
	6	短期贷款(＋)				
	7	归还短贷及利息				
	8	贴现费用				
	9	高利贷贷款(＋)				
	10	归还高利贷及利息				
	11	原料采购支付现金				
	12	成品采购支付现金				
	13	设备改造费				
	14	生产线投资				
	15	加工费用				

续表

操作顺序		项　目	1 季度	2 季度	3 季度	4 季度
年中	16	产品研发				
	17	行政管理费				
	18	其他				
	19	收入总计				
	20	支出总计				
	21	季末现金余额				
年末	1	长期贷款				
	2	归还长期贷款及利息				
	3	设备维修费				
	4	租金				
	5	购买新建筑				
	6	计提折旧				
	7	市场开拓投资				
	8	ISO 认证投资				
	9	年末现金对账				
	10	关账				

表 B-7　起始年第四季度现金流量表

单位：百万元

操作顺序		项　目	1 季度	2 季度	3 季度	4 季度
年初	1	新年度规划会议				
	2	支付上年应交税				
	3	广告费				
	4	参加订货会/登记销售订单				
年中	1	季初现金余额				
	2	应收款到期（＋）				
	3	变卖生产线（＋）				
	4	变卖原料/产品（＋）				
	5	变卖厂房（＋）				
	6	短期贷款（＋）				
	7	归还短贷及利息				
	8	贴现费用				
	9	高利贷贷款（＋）				
	10	归还高利贷及利息				
	11	原料采购支付现金				
	12	成品采购支付现金				

续表

操作顺序		项　目	1 季度	2 季度	3 季度	4 季度
年中	13	设备改造费				
	14	生产线投资				
	15	加工费用				
	16	产品研发				
	17	行政管理费				
	18	其他				
	19	收入总计				
	20	支出总计				
	21	季末现金余额				
年末	1	长期贷款				
	2	归还长期贷款及利息				
	3	设备维修费				
	4	租金				
	5	购买新建筑				
	6	计提折旧				
	7	市场开拓投资				
	8	ISO 认证投资				
	9	年末现金对账				
	10	关账				

表 B-8　起始年年末现金流量表

单位:百万元

操作顺序		项　目	1 季度	2 季度	3 季度	4 季度
年初	1	新年度规划会议				
	2	支付上年应交税				
	3	广告费				
	4	参加订货会/登记销售订单				
年中	1	季初现金余额				
	2	应收款到期(+)				
	3	变卖生产线(+)				
	4	变卖原料/产品(+)				
	5	变卖厂房(+)				
	6	短期贷款(+)				
	7	归还短贷及利息				

操作顺序	项 目	1季度	2季度	3季度	4季度
8	贴现费用				
9	高利贷贷款（＋）				
10	归还高利贷及利息				
11	原料采购支付现金				
12	成品采购支付现金				
13	设备改造费				
14	生产线投资				
15	加工费用				
16	产品研发				
17	行政管理费				
18	其他				
19	收入总计				
20	支出总计				
21	季末现金余额				
1	长期贷款				
2	归还长期贷款及利息				
3	设备维修费				
4	租金				
5	购买新建筑				
6	计提折旧				
7	市场开拓投资				
8	ISO认证投资				
9	年末现金对账				
10	关账				

（操作顺序列左侧：8~21对应"年中"，1~10对应"年末"）

表 B-9　起始年小组间交易登记表

买 入			卖 出		
货物名称	数 量	单 价/M	货物名称	数 量	单 价/M

表 B-10 起始年综合管理费用明细表

单位:百万元

项　目	金　额
行政管理费	
广告费	
设备维修费	
设备改造费	
租金	
产品研发	
市场开拓	
ISO 认证	
其他	
合　计	

表 B-11 起始年利润表

单位:百万元

项　目	上一年	本　年
一、销售收入		
减:成本		
二、毛利		
减:综合费用		
折旧		
财务净损益		
三、营业利润		
加:营业外净收益		
四、利润总额		
减:所得税		
五、净利润		

表 B-12 起始年资产负债表

年　月　日

单位:百万元

资　产	年初数	期末数	负债及所有者权益	年初数	期末数
流动资产:			负债:		
现金			短期负债		
应收账款			应付账款		
原材料			应交税金		
产成品			长期负债		
在制品					
流动资产合计			负债合计		
固定资产:			所有者权益:		
土地建筑净值			股东资本		
机器设备净值			以前年度利润		
在建工程			当年净利润		
固定资产合计			所有者权益合计		
资产总计			负债及权益总计		

表 B-13 第一年企业重要决策

1季度	2季度	3季度	4季度	年　底

表 B-14　第一年广告投放方案

市场类别	Beryl	Crystal	Ruby	Saphire
本　地				
区　域				
国　内				
亚　洲				
国　际				

表 B-15　第一年订单

项　目	1	2	3	4	5	6	合计
市场							
产品名称							
账期							
交货期							
单价							
订单数量							
订单销售额							
成本							
毛利							

表 B-16　第一年第一季度现金流量表

单位:百万元

操作顺序		项　目	1 季度	2 季度	3 季度	4 季度
年初	1	新年度规划会议				
	2	支付上年应交税				
	3	广告费				
	4	参加订货会/登记销售订单				
年中	1	季初现金余额				
	2	应收款到期(＋)				
	3	变卖生产线(＋)				
	4	变卖原料/产品(＋)				
	5	变卖厂房(＋)				
	6	短期贷款(＋)				
	7	归还短贷及利息				
	8	贴现费用				
	9	高利贷贷款(＋)				
	10	归还高利贷及利息				
	11	原料采购支付现金				
	12	成品采购支付现金				

续表

操作顺序		项　目	1 季度	2 季度	3 季度	4 季度
年中	13	设备改造费				
	14	生产线投资				
	15	加工费用				
	16	产品研发				
	17	行政管理费				
	18	其他				
	19	收入总计				
	20	支出总计				
	21	季末现金余额				
年末	1	长期贷款				
	2	归还长期贷款及利息				
	3	设备维修费				
	4	租金				
	5	购买新建筑				
	6	计提折旧				
	7	市场开拓投资				
	8	ISO 认证投资				
	9	年末现金对账				
	10	关账				

表 B-17　第一年第二季度现金流量表

单位：百万元

操作顺序		项　目	1 季度	2 季度	3 季度	4 季度
年初	1	新年度规划会议				
	2	支付上年应交税				
	3	广告费				
	4	参加订货会/登记销售订单				
年中	1	季初现金余额				
	2	应收款到期（＋）				
	3	变卖生产线（＋）				
	4	变卖原料/产品（＋）				
	5	变卖厂房（＋）				
	6	短期贷款（＋）				
	7	归还短贷及利息				
	8	贴现费用				
	9	高利贷贷款（＋）				
	10	归还高利贷及利息				

续表

操作顺序		项 目	1季度	2季度	3季度	4季度
年中	11	原料采购支付现金				
	12	成品采购支付现金				
	13	设备改造费				
	14	生产线投资				
	15	加工费用				
	16	产品研发				
	17	行政管理费				
	18	其他				
	19	收入总计				
	20	支出总计				
	21	季末现金余额				
年末	1	长期贷款				
	2	归还长期贷款及利息				
	3	设备维修费				
	4	租金				
	5	购买新建筑				
	6	计提折旧				
	7	市场开拓投资				
	8	ISO 认证投资				
	9	年末现金对账				
	10	关账				

表 B-18 第一年第三季度现金流量表

单位：百万元

操作顺序		项 目	1季度	2季度	3季度	4季度
年初	1	新年度规划会议				
	2	支付上年应交税				
	3	广告费				
	4	参加订货会/登记销售订单				
年中	1	季初现金余额				
	2	应收款到期（＋）				
	3	变卖生产线（＋）				
	4	变卖原料/产品（＋）				
	5	变卖厂房（＋）				
	6	短期贷款（＋）				
	7	归还短贷及利息				
	8	贴现费用				

续表

操作顺序		项　目	1季度	2季度	3季度	4季度
年中	9	高利贷贷款（＋）				
	10	归还高利贷及利息				
	11	原料采购支付现金				
	12	成品采购支付现金				
	13	设备改造费				
	14	生产线投资				
	15	加工费用				
	16	产品研发				
	17	行政管理费				
	18	其他				
	19	收入总计				
	20	支出总计				
	21	季末现金余额				
年末	1	长期贷款				
	2	归还长期贷款及利息				
	3	设备维修费				
	4	租金				
	5	购买新建筑				
	6	计提折旧				
	7	市场开拓投资				
	8	ISO认证投资				
	9	年末现金对账				
	10	关账				

表 B-19　第一年第四季度现金流量表

单位：百万元

操作顺序		项　目	1季度	2季度	3季度	4季度
年初	1	新年度规划会议				
	2	支付上年应交税				
	3	广告费				
	4	参加订货会/登记销售订单				
年中	1	季初现金余额				
	2	应收款到期（＋）				
	3	变卖生产线（＋）				
	4	变卖原料/产品（＋）				
	5	变卖厂房（＋）				
	6	短期贷款（＋）				

续表

操作顺序		项　目	1季度	2季度	3季度	4季度
年中	7	归还短贷及利息				
	8	贴现费用				
	9	高利贷贷款（＋）				
	10	归还高利贷及利息				
	11	原料采购支付现金				
	12	成品采购支付现金				
	13	设备改造费				
	14	生产线投资				
	15	加工费用				
	16	产品研发				
	17	行政管理费				
	18	其他				
	19	收入总计				
	20	支出总计				
	21	季末现金余额				
年末	1	长期贷款				
	2	归还长期贷款及利息				
	3	设备维修费				
	4	租金				
	5	购买新建筑				
	6	计提折旧				
	7	市场开拓投资				
	8	ISO认证投资				
	9	年末现金对账				
	10	关账				

表 B-20　第一年年末现金流量表

单位：百万元

操作顺序		项　目	1季度	2季度	3季度	4季度
年初	1	新年度规划会议				
	2	支付上年应交税				
	3	广告费				
	4	参加订货会/登记销售订单				
年中	1	季初现金余额				
	2	应收款到期（＋）				
	3	变卖生产线（＋）				
	4	变卖原料/产品（＋）				

续表

操作顺序		项　目	1 季度	2 季度	3 季度	4 季度
年中	5	变卖厂房（＋）				
	6	短期贷款（＋）				
	7	归还短贷及利息				
	8	贴现费用				
	9	高利贷贷款（＋）				
	10	归还高利贷及利息				
	11	原料采购支付现金				
	12	成品采购支付现金				
	13	设备改造费				
	14	生产线投资				
	15	加工费用				
	16	产品研发				
	17	行政管理费				
	18	其他				
	19	收入总计				
	20	支出总计				
	21	季末现金余额				
年末	1	长期贷款				
	2	归还长期贷款及利息				
	3	设备维修费				
	4	租金				
	5	购买新建筑				
	6	计提折旧				
	7	市场开拓投资				
	8	ISO 认证投资				
	9	年末现金对账				
	10	关账				

表 B-21　第一年小组间交易登记表

买　入			卖　出		
货物名称	数　量	单 价/M	货物名称	数　量	单 价/M

表 B-22 第一年综合管理费用明细表

单位:百万元

项 目	金 额
行政管理费	
广告费	
设备维修费	
设备改造费	
租金	
产品研发	
市场开拓	
ISO 认证	
其他	
合 计	

表 B-23 第一年利润表

单位:百万元

项 目	上一年	本 年
一、销售收入		
减:成本		
二、毛利		
减:综合费用		
折旧		
财务净损益		
三、营业利润		
加:营业外净收益		
四、利润总额		
减:所得税		
五、净利润		

表 B-24 第一年资产负债表

年 月 日

单位:百万元

资 产	年初数	期末数	负债及所有者权益	年初数	期末数
流动资产:			负债:		
现金			短期负债		
应收账款			应付账款		
原材料			应交税金		
产成品			长期负债		
在制品					
流动资产合计			负债合计		
固定资产:			所有者权益:		
土地建筑净值			股东资本		
机器设备净值			以前年度利润		
在建工程			当年净利润		
固定资产合计			所有者权益合计		
资产总计			负债及权益总计		

表 B-25 第二年企业重要决策

1 季度	2 季度	3 季度	4 季度	年 底

表 B-26　第二年广告投放方案

市场类别	Beryl	Crystal	Ruby	Saphire
本　地				
区　域				
国　内				
亚　洲				
国　际				

表 B-27　第二年订单

项　目	1	2	3	4	5	6	合计
市场							
产品名称							
账期							
交货期							
单价							
订单数量							
订单销售额							
成本							
毛利							

表 B-28　第二年第一季度现金流量表

单位：百万元

操作顺序		项　目	1 季度	2 季度	3 季度	4 季度
年初	1	新年度规划会议				
	2	支付上年应交税				
	3	广告费				
	4	参加订货会/登记销售订单				
年中	1	季初现金余额				
	2	应收款到期（＋）				
	3	变卖生产线（＋）				
	4	变卖原料/产品（＋）				
	5	变卖厂房（＋）				
	6	短期贷款（＋）				
	7	归还短贷及利息				
	8	贴现费用				
	9	高利贷贷款（＋）				
	10	归还高利贷及利息				
	11	原料采购支付现金				
	12	成品采购支付现金				

续表

操作顺序		项 目	1 季度	2 季度	3 季度	4 季度
年中	13	设备改造费				
	14	生产线投资				
	15	加工费用				
	16	产品研发				
	17	行政管理费				
	18	其他				
	19	收入总计				
	20	支出总计				
	21	季末现金余额				
年末	1	长期贷款				
	2	归还长期贷款及利息				
	3	设备维修费				
	4	租金				
	5	购买新建筑				
	6	计提折旧				
	7	市场开拓投资				
	8	ISO 认证投资				
	9	年末现金对账				
	10	关账				

表 B-29 第二年第二季度现金流量表

单位:百万元

操作顺序		项 目	1 季度	2 季度	3 季度	4 季度
年初	1	新年度规划会议				
	2	支付上年应交税				
	3	广告费				
	4	参加订货会/登记销售订单				
年中	1	季初现金余额				
	2	应收款到期(+)				
	3	变卖生产线(+)				
	4	变卖原料/产品(+)				
	5	变卖厂房(+)				
	6	短期贷款(+)				
	7	归还短贷及利息				
	8	贴现费用				
	9	高利贷贷款(+)				
	10	归还高利贷及利息				

续表

操作顺序		项 目	1季度	2季度	3季度	4季度
年中	11	原料采购支付现金				
	12	成品采购支付现金				
	13	设备改造费				
	14	生产线投资				
	15	加工费用				
	16	产品研发				
	17	行政管理费				
	18	其他				
	19	收入总计				
	20	支出总计				
	21	季末现金余额				
年末	1	长期贷款				
	2	归还长期贷款及利息				
	3	设备维修费				
	4	租金				
	5	购买新建筑				
	6	计提折旧				
	7	市场开拓投资				
	8	ISO认证投资				
	9	年末现金对账				
	10	关账				

表 B-30   第二年第三季度现金流量表

单位：百万元

操作顺序		项 目	1季度	2季度	3季度	4季度
年初	1	新年度规划会议				
	2	支付上年应交税				
	3	广告费				
	4	参加订货会/登记销售订单				
年中	1	季初现金余额				
	2	应收款到期（＋）				
	3	变卖生产线（＋）				
	4	变卖原料/产品（＋）				
	5	变卖厂房（＋）				
	6	短期贷款（＋）				
	7	归还短贷及利息				
	8	贴现费用				

续表

操作顺序		项　目	1季度	2季度	3季度	4季度
年中	9	高利贷贷款（＋）				
	10	归还高利贷及利息				
	11	原料采购支付现金				
	12	成品采购支付现金				
	13	设备改造费				
	14	生产线投资				
	15	加工费用				
	16	产品研发				
	17	行政管理费				
	18	其他				
	19	收入总计				
	20	支出总计				
	21	季末现金余额				
年末	1	长期贷款				
	2	归还长期贷款及利息				
	3	设备维修费				
	4	租金				
	5	购买新建筑				
	6	计提折旧				
	7	市场开拓投资				
	8	ISO认证投资				
	9	年末现金对账				
	10	关账				

表 B-31　第二年第四季度现金流量表

单位：百万元

操作顺序		项　目	1季度	2季度	3季度	4季度
年初	1	新年度规划会议				
	2	支付上年应交税				
	3	广告费				
	4	参加订货会/登记销售订单				
年中	1	季初现金余额				
	2	应收款到期（＋）				
	3	变卖生产线（＋）				
	4	变卖原料/产品（＋）				
	5	变卖厂房（＋）				
	6	短期贷款（＋）				

续表

操作顺序		项　目	1 季度	2 季度	3 季度	4 季度
年中	7	归还短贷及利息				
	8	贴现费用				
	9	高利贷贷款（＋）				
	10	归还高利贷及利息				
	11	原料采购支付现金				
	12	成品采购支付现金				
	13	设备改造费				
	14	生产线投资				
	15	加工费用				
	16	产品研发				
	17	行政管理费				
	18	其他				
	19	收入总计				
	20	支出总计				
	21	季末现金余额				
年末	1	长期贷款				
	2	归还长期贷款及利息				
	3	设备维修费				
	4	租金				
	5	购买新建筑				
	6	计提折旧				
	7	市场开拓投资				
	8	ISO 认证投资				
	9	年末现金对账				
	10	关账				

表 B-32　第二年年末现金流量表

单位：百万元

操作顺序		项　目	1 季度	2 季度	3 季度	4 季度
年初	1	新年度规划会议				
	2	支付上年应交税				
	3	广告费				
	4	参加订货会/登记销售订单				
年中	1	季初现金余额				
	2	应收款到期（＋）				
	3	变卖生产线（＋）				
	4	变卖原料/产品（＋）				

操作顺序	项 目	1季度	2季度	3季度	4季度
5	变卖厂房（＋）				
6	短期贷款（＋）				
7	归还短贷及利息				
8	贴现费用				
9	高利贷贷款（＋）				
10	归还高利贷及利息				
11	原料采购支付现金				
年中 12	成品采购支付现金				
13	设备改造费				
14	生产线投资				
15	加工费用				
16	产品研发				
17	行政管理费				
18	其他				
19	收入总计				
20	支出总计				
21	季末现金余额				
1	长期贷款				
2	归还长期贷款及利息				
3	设备维修费				
4	租金				
年末 5	购买新建筑				
6	计提折旧				
7	市场开拓投资				
8	ISO认证投资				
9	年末现金对账				
10	关账				

表 B-33 第二年小组间交易登记表

买 入			卖 出		
货物名称	数量	单价/M	货物名称	数量	单价/M

表 B-34 第二年综合管理费用明细表

单位:百万元

项　目	金　额
行政管理费	
广告费	
设备维修费	
设备改造费	
租金	
产品研发	
市场开拓	
ISO 认证	
其他	
合　计	

表 B-35　第二年利润表

单位:百万元

项　目	上一年	本　年
一、销售收入		
减:成本		
二、毛利		
减:综合费用		
折旧		
财务净损益		
三、营业利润		
加:营业外净收益		
四、利润总额		
减:所得税		
五、净利润		

表 B-36　第二年资产负债表

年　月　日

单位:百万元

资　产	年初数	期末数	负债及所有者权益	年初数	期末数
流动资产:			负债:		
现金			短期负债		
应收账款			应付账款		
原材料			应交税金		
产成品			长期负债		
在制品					
流动资产合计			负债合计		
固定资产:			所有者权益:		
土地建筑净值			股东资本		
机器设备净值			以前年度利润		
在建工程			当年净利润		
固定资产合计			所有者权益合计		
资产总计			负债及权益总计		

表 B-37　第三年企业重要决策

1 季度	2 季度	3 季度	4 季度	年　底

表 B-38 第三年广告投放方案

市场类别	Beryl	Crystal	Ruby	Saphire
本　地				
区　域				
国　内				
亚　洲				
国　际				

表 B-39 第三年订单

项　目	1	2	3	4	5	6	合计
市场							
产品名称							
账期							
交货期							
单价							
订单数量							
订单销售额							
成本							
毛利							

表 B-40 第三年第一季度现金流量表

单位：百万元

操作顺序		项　目	1 季度	2 季度	3 季度	4 季度
年初	1	新年度规划会议				
	2	支付上年应交税				
	3	广告费				
	4	参加订货会/登记销售订单				
年中	1	季初现金余额				
	2	应收款到期（＋）				
	3	变卖生产线（＋）				
	4	变卖原料/产品（＋）				
	5	变卖厂房（＋）				
	6	短期贷款（＋）				
	7	归还短贷及利息				
	8	贴现费用				
	9	高利贷贷款（＋）				
	10	归还高利贷及利息				
	11	原料采购支付现金				
	12	成品采购支付现金				

续表

操作顺序		项　目	1 季度	2 季度	3 季度	4 季度
年中	13	设备改造费				
	14	生产线投资				
	15	加工费用				
	16	产品研发				
	17	行政管理费				
	18	其他				
	19	收入总计				
	20	支出总计				
	21	季末现金余额				
年末	1	长期贷款				
	2	归还长期贷款及利息				
	3	设备维修费				
	4	租金				
	5	购买新建筑				
	6	计提折旧				
	7	市场开拓投资				
	8	ISO 认证投资				
	9	年末现金对账				
	10	关账				

表 B-41　第三年第二季度现金流量表

单位:百万元

操作顺序		项　目	1 季度	2 季度	3 季度	4 季度
年初	1	新年度规划会议				
	2	支付上年应交税				
	3	广告费				
	4	参加订货会/登记销售订单				
年中	1	季初现金余额				
	2	应收款到期（＋）				
	3	变卖生产线（＋）				
	4	变卖原料/产品（＋）				
	5	变卖厂房（＋）				
	6	短期贷款（＋）				
	7	归还短贷及利息				
	8	贴现费用				
	9	高利贷贷款（＋）				
	10	归还高利贷及利息				

续表

操作顺序		项　目	1季度	2季度	3季度	4季度
年中	11	原料采购支付现金				
	12	成品采购支付现金				
	13	设备改造费				
	14	生产线投资				
	15	加工费用				
	16	产品研发				
	17	行政管理费				
	18	其他				
	19	收入总计				
	20	支出总计				
	21	季末现金余额				
年末	1	长期贷款				
	2	归还长期贷款及利息				
	3	设备维修费				
	4	租金				
	5	购买新建筑				
	6	计提折旧				
	7	市场开拓投资				
	8	ISO认证投资				
	9	年末现金对账				
	10	关账				

表 B-42 第三年第三季度现金流量表

单位:百万元

操作顺序		项　目	1季度	2季度	3季度	4季度
年初	1	新年度规划会议				
	2	支付上年应交税				
	3	广告费				
	4	参加订货会/登记销售订单				
年中	1	季初现金余额				
	2	应收款到期(＋)				
	3	变卖生产线(＋)				
	4	变卖原料/产品(＋)				
	5	变卖厂房(＋)				
	6	短期贷款(＋)				
	7	归还短贷及利息				
	8	贴现费用				

续表

操作顺序		项 目	1季度	2季度	3季度	4季度
年中	9	高利贷贷款（＋）				
	10	归还高利贷及利息				
	11	原料采购支付现金				
	12	成品采购支付现金				
	13	设备改造费				
	14	生产线投资				
	15	加工费用				
	16	产品研发				
	17	行政管理费				
	18	其他				
	19	收入总计				
	20	支出总计				
	21	季末现金余额				
年末	1	长期贷款				
	2	归还长期贷款及利息				
	3	设备维修费				
	4	租金				
	5	购买新建筑				
	6	计提折旧				
	7	市场开拓投资				
	8	ISO认证投资				
	9	年末现金对账				
	10	关账				

表 B-43　第三年第四季度现金流量表

单位：百万元

操作顺序		项 目	1季度	2季度	3季度	4季度
年初	1	新年度规划会议				
	2	支付上年应交税				
	3	广告费				
	4	参加订货会/登记销售订单				
年中	1	季初现金余额				
	2	应收款到期（＋）				
	3	变卖生产线（＋）				
	4	变卖原料/产品（＋）				
	5	变卖厂房（＋）				
	6	短期贷款（＋）				

续表

操作顺序		项　目	1 季度	2 季度	3 季度	4 季度
年中	7	归还短贷及利息				
	8	贴现费用				
	9	高利贷贷款（＋）				
	10	归还高利贷及利息				
	11	原料采购支付现金				
	12	成品采购支付现金				
	13	设备改造费				
	14	生产线投资				
	15	加工费用				
	16	产品研发				
	17	行政管理费				
	18	其他				
	19	收入总计				
	20	支出总计				
	21	季末现金余额				
年末	1	长期贷款				
	2	归还长期贷款及利息				
	3	设备维修费				
	4	租金				
	5	购买新建筑				
	6	计提折旧				
	7	市场开拓投资				
	8	ISO 认证投资				
	9	年末现金对账				
	10	关账				

表 B-44　第三年年末现金流量表

单位：百万元

操作顺序		项　目	1 季度	2 季度	3 季度	4 季度
年初	1	新年度规划会议				
	2	支付上年应交税				
	3	广告费				
	4	参加订货会/登记销售订单				
年中	1	季初现金余额				
	2	应收款到期（＋）				
	3	变卖生产线（＋）				
	4	变卖原料/产品（＋）				

续表

操作顺序		项　目	1 季度	2 季度	3 季度	4 季度
年中	5	变卖厂房（＋）				
	6	短期贷款（＋）				
	7	归还短贷及利息				
	8	贴现费用				
	9	高利贷贷款（＋）				
	10	归还高利贷及利息				
	11	原料采购支付现金				
	12	成品采购支付现金				
	13	设备改造费				
	14	生产线投资				
	15	加工费用				
	16	产品研发				
	17	行政管理费				
	18	其他				
	19	收入总计				
	20	支出总计				
	21	季末现金余额				
年末	1	长期贷款				
	2	归还长期贷款及利息				
	3	设备维修费				
	4	租金				
	5	购买新建筑				
	6	计提折旧				
	7	市场开拓投资				
	8	ISO 认证投资				
	9	年末现金对账				
	10	关账				

表 B-45　第三年小组间交易登记表

买　入			卖　出		
货物名称	数　量	单 价/M	货物名称	数　量	单 价/M

表 B-46　第三年综合管理费用明细表

单位:百万元

项　目	金　额
行政管理费	
广告费	
设备维修费	
设备改造费	
租金	
产品研发	
市场开拓	
ISO 认证	
其他	
合　计	

表 B-47　第三年利润表

单位:百万元

项　目	上一年	本　年
一、销售收入		
减:成本		
二、毛利		
减:综合费用		
折旧		
财务净损益		
三、营业利润		
加:营业外净收益		
四、利润总额		
减:所得税		
五、净利润		

表 B-48　第三年资产负债表

年　月　日

单位:百万元

资　产	年初数	期末数	负债及所有者权益	年初数	期末数
流动资产:			负债:		
现金			短期负债		
应收账款			应付账款		
原材料			应交税金		
产成品			长期负债		
在制品					
流动资产合计			负债合计		
固定资产:			所有者权益:		
土地建筑净值			股东资本		
机器设备净值			以前年度利润		
在建工程			当年净利润		
固定资产合计			所有者权益合计		
资产总计			负债及权益总计		

表 B-49　第四年企业重要决策

1 季度	2 季度	3 季度	4 季度	年底

表 B-50　第四年广告投放方案

市场类别	Beryl	Crystal	Ruby	Saphire
本　地				
区　域				
国　内				
亚　洲				
国　际				

表 B-51　第四年订单

项　目	1	2	3	4	5	6	合计
市场							
产品名称							
账期							
交货期							
单价							
订单数量							
订单销售额							
成本							
毛利							

表 B-52　第四年第一季度现金流量表

单位：百万元

操作顺序		项　目	1 季度	2 季度	3 季度	4 季度
年初	1	新年度规划会议				
	2	支付上年应交税				
	3	广告费				
	4	参加订货会/登记销售订单				
年中	1	季初现金余额				
	2	应收款到期（＋）				
	3	变卖生产线（＋）				
	4	变卖原料/产品（＋）				
	5	变卖厂房（＋）				
	6	短期贷款（＋）				
	7	归还短贷及利息				
	8	贴现费用				
	9	高利贷贷款（＋）				
	10	归还高利贷及利息				
	11	原料采购支付现金				
	12	成品采购支付现金				

续表

操作顺序		项 目	1季度	2季度	3季度	4季度
年中	13	设备改造费				
	14	生产线投资				
	15	加工费用				
	16	产品研发				
	17	行政管理费				
	18	其他				
	19	收入总计				
	20	支出总计				
	21	季末现金余额				
年末	1	长期贷款				
	2	归还长期贷款及利息				
	3	设备维修费				
	4	租金				
	5	购买新建筑				
	6	计提折旧				
	7	市场开拓投资				
	8	ISO 认证投资				
	9	年末现金对账				
	10	关账				

表 B-53 第四年第二季度现金流量表

单位：百万元

操作顺序		项 目	1季度	2季度	3季度	4季度
年初	1	新年度规划会议				
	2	支付上年应交税				
	3	广告费				
	4	参加订货会/登记销售订单				
年中	1	季初现金余额				
	2	应收款到期（＋）				
	3	变卖生产线（＋）				
	4	变卖原料/产品（＋）				
	5	变卖厂房（＋）				
	6	短期贷款（＋）				
	7	归还短贷及利息				
	8	贴现费用				
	9	高利贷贷款（＋）				
	10	归还高利贷及利息				

续表

操作顺序		项　目	1 季度	2 季度	3 季度	4 季度
年中	11	原料采购支付现金				
	12	成品采购支付现金				
	13	设备改造费				
	14	生产线投资				
	15	加工费用				
	16	产品研发				
	17	行政管理费				
	18	其他				
	19	收入总计				
	20	支出总计				
	21	季末现金余额				
年末	1	长期贷款				
	2	归还长期贷款及利息				
	3	设备维修费				
	4	租金				
	5	购买新建筑				
	6	计提折旧				
	7	市场开拓投资				
	8	ISO 认证投资				
	9	年末现金对账				
	10	关账				

表 B-54　第四年第三季度现金流量表

单位：百万元

操作顺序		项　目	1 季度	2 季度	3 季度	4 季度
年初	1	新年度规划会议				
	2	支付上年应交税				
	3	广告费				
	4	参加订货会/登记销售订单				
年中	1	季初现金余额				
	2	应收款到期（＋）				
	3	变卖生产线（＋）				
	4	变卖原料/产品（＋）				
	5	变卖厂房（＋）				
	6	短期贷款（＋）				
	7	归还短贷及利息				
	8	贴现费用				

续表

操作顺序		项 目	1季度	2季度	3季度	4季度
年中	9	高利贷贷款（＋）				
	10	归还高利贷及利息				
	11	原料采购支付现金				
	12	成品采购支付现金				
	13	设备改造费				
	14	生产线投资				
	15	加工费用				
	16	产品研发				
	17	行政管理费				
	18	其他				
	19	收入总计				
	20	支出总计				
	21	季末现金余额				
年末	1	长期贷款				
	2	归还长期贷款及利息				
	3	设备维修费				
	4	租金				
	5	购买新建筑				
	6	计提折旧				
	7	市场开拓投资				
	8	ISO 认证投资				
	9	年末现金对账				
	10	关账				

表 B-55　第四年第四季度现金流量表

单位：百万元

操作顺序		项 目	1季度	2季度	3季度	4季度
年初	1	新年度规划会议				
	2	支付上年应交税				
	3	广告费				
	4	参加订货会/登记销售订单				
年中	1	季初现金余额				
	2	应收款到期（＋）				
	3	变卖生产线（＋）				
	4	变卖原料/产品（＋）				
	5	变卖厂房（＋）				
	6	短期贷款（＋）				

续表

操作顺序		项　目	1 季度	2 季度	3 季度	4 季度
年中	7	归还短贷及利息				
	8	贴现费用				
	9	高利贷贷款（＋）				
	10	归还高利贷及利息				
	11	原料采购支付现金				
	12	成品采购支付现金				
	13	设备改造费				
	14	生产线投资				
	15	加工费用				
	16	产品研发				
	17	行政管理费				
	18	其他				
	19	收入总计				
	20	支出总计				
	21	季末现金余额				
年末	1	长期贷款				
	2	归还长期贷款及利息				
	3	设备维修费				
	4	租金				
	5	购买新建筑				
	6	计提折旧				
	7	市场开拓投资				
	8	ISO 认证投资				
	9	年末现金对账				
	10	关账				

表 B-56　第四年年末现金流量表

单位：百万元

操作顺序		项　目	1 季度	2 季度	3 季度	4 季度
年初	1	新年度规划会议				
	2	支付上年应交税				
	3	广告费				
	4	参加订货会/登记销售订单				
年中	1	季初现金余额				
	2	应收款到期（＋）				
	3	变卖生产线（＋）				
	4	变卖原料/产品（＋）				

续表

操作顺序	项 目	1 季度	2 季度	3 季度	4 季度
年中	5 变卖厂房（＋）				
	6 短期贷款（＋）				
	7 归还短贷及利息				
	8 贴现费用				
	9 高利贷贷款（＋）				
	10 归还高利贷及利息				
	11 原料采购支付现金				
	12 成品采购支付现金				
	13 设备改造费				
	14 生产线投资				
	15 加工费用				
	16 产品研发				
	17 行政管理费				
	18 其他				
	19 收入总计				
	20 支出总计				
	21 季末现金余额				
年末	1 长期贷款				
	2 归还长期贷款及利息				
	3 设备维修费				
	4 租金				
	5 购买新建筑				
	6 计提折旧				
	7 市场开拓投资				
	8 ISO 认证投资				
	9 年末现金对账				
	10 关账				

表 B-57　第四年小组间交易登记表

买　入			卖　出		
货物名称	数 量	单 价/M	货物名称	数 量	单 价/M

表 B-58　第四年综合管理费用明细表

单位:百万元

项　目	金　额
行政管理费	
广告费	
设备维修费	
设备改造费	
租金	
产品研发	
市场开拓	
ISO 认证	
其他	
合　计	

表 B-59　第四年利润表

单位:百万元

项·目	上一年	本　年
一、销售收入		
减:成本		
二、毛利		
减:综合费用		
折旧		
财务净损益		
三、营业利润		
加:营业外净收益		
四、利润总额		
减:所得税		
五、净利润		

表 B-60　第四年资产负债表

年　月　日

单位:百万元

资　产	年初数	期末数	负债及所有者权益	年初数	期末数
流动资产:			负债:		
现金			短期负债		
应收账款			应付账款		
原材料			应交税金		
产成品			长期负债		
在制品					
流动资产合计			负债合计		
固定资产:			所有者权益:		
土地建筑净值			股东资本		
机器设备净值			以前年度利润		
在建工程			当年净利润		
固定资产合计			所有者权益合计		
资产总计			负债及权益总计		

表 B-61　第五年企业重要决策

1季度	2季度	3季度	4季度	年底

表 B-62　第五年广告投放方案

市场类别	Beryl	Crystal	Ruby	Saphire
本　地				
区　域				
国　内				
亚　洲				
国　际				

表 B-63　第五年订单

项　目	1	2	3	4	5	6	合计
市场							
产品名称							
账期							
交货期							
单价							
订单数量							
订单销售额							
成本							
毛利							

表 B-64　第五年第一季度现金流量表

单位：百万元

操作顺序		项　目	1季度	2季度	3季度	4季度
年初	1	新年度规划会议				
	2	支付上年应交税				
	3	广告费				
	4	参加订货会/登记销售订单				
年中	1	季初现金余额				
	2	应收款到期（+）				
	3	变卖生产线（+）				
	4	变卖原料/产品（+）				
	5	变卖厂房（+）				
	6	短期贷款（+）				
	7	归还短贷及利息				
	8	贴现费用				
	9	高利贷贷款（+）				
	10	归还高利贷及利息				
	11	原料采购支付现金				
	12	成品采购支付现金				

续表

操作顺序		项　目	1 季度	2 季度	3 季度	4 季度
年中	13	设备改造费				
	14	生产线投资				
	15	加工费用				
	16	产品研发				
	17	行政管理费				
	18	其他				
	19	收入总计				
	20	支出总计				
	21	季末现金余额				
年末	1	长期贷款				
	2	归还长期贷款及利息				
	3	设备维修费				
	4	租金				
	5	购买新建筑				
	6	计提折旧				
	7	市场开拓投资				
	8	ISO 认证投资				
	9	年末现金对账				
	10	关账				

表 B-65　第五年第二季度现金流量表

单位:百万元

操作顺序		项　目	1 季度	2 季度	3 季度	4 季度
年初	1	新年度规划会议				
	2	支付上年应交税				
	3	广告费				
	4	参加订货会/登记销售订单				
年中	1	季初现金余额				
	2	应收款到期(+)				
	3	变卖生产线(+)				
	4	变卖原料/产品(+)				
	5	变卖厂房(+)				
	6	短期贷款(+)				
	7	归还短贷及利息				
	8	贴现费用				
	9	高利贷贷款(+)				
	10	归还高利贷及利息				

操作顺序		项　目	1季度	2季度	3季度	4季度
年中	11	原料采购支付现金				
	12	成品采购支付现金				
	13	设备改造费				
	14	生产线投资				
	15	加工费用				
	16	产品研发				
	17	行政管理费				
	18	其他				
	19	收入总计				
	20	支出总计				
	21	季末现金余额				
年末	1	长期贷款				
	2	归还长期贷款及利息				
	3	设备维修费				
	4	租金				
	5	购买新建筑				
	6	计提折旧				
	7	市场开拓投资				
	8	ISO认证投资				
	9	年末现金对账				
	10	关账				

表 B-66　第五年第三季度现金流量表

单位:百万元

操作顺序		项　目	1季度	2季度	3季度	4季度
年初	1	新年度规划会议				
	2	支付上年应交税				
	3	广告费				
	4	参加订货会/登记销售订单				
年中	1	季初现金余额				
	2	应收款到期(＋)				
	3	变卖生产线(＋)				
	4	变卖原料/产品(＋)				
	5	变卖厂房(＋)				
	6	短期贷款(＋)				
	7	归还短贷及利息				
	8	贴现费用				

续表

操作顺序		项　目	1季度	2季度	3季度	4季度
年中	9	高利贷贷款（＋）				
	10	归还高利贷及利息				
	11	原料采购支付现金				
	12	成品采购支付现金				
	13	设备改造费				
	14	生产线投资				
	15	加工费用				
	16	产品研发				
	17	行政管理费				
	18	其他				
	19	收入总计				
	20	支出总计				
	21	季末现金余额				
年末	1	长期贷款				
	2	归还长期贷款及利息				
	3	设备维修费				
	4	租金				
	5	购买新建筑				
	6	计提折旧				
	7	市场开拓投资				
	8	ISO 认证投资				
	9	年末现金对账				
	10	关账				

表 B-67　第五年第四季度现金流量表

单位：百万元

操作顺序		项　目	1季度	2季度	3季度	4季度
年初	1	新年度规划会议				
	2	支付上年应交税				
	3	广告费				
	4	参加订货会/登记销售订单				
年中	1	季初现金余额				
	2	应收款到期（＋）				
	3	变卖生产线（＋）				
	4	变卖原料/产品（＋）				
	5	变卖厂房（＋）				
	6	短期贷款（＋）				

续表

操作顺序		项　目	1 季度	2 季度	3 季度	4 季度
年中	7	归还短贷及利息				
	8	贴现费用				
	9	高利贷贷款（＋）				
	10	归还高利贷及利息				
	11	原料采购支付现金				
	12	成品采购支付现金				
	13	设备改造费				
	14	生产线投资				
	15	加工费用				
	16	产品研发				
	17	行政管理费				
	18	其他				
	19	收入总计				
	20	支出总计				
	21	季末现金余额				
年末	1	长期贷款				
	2	归还长期贷款及利息				
	3	设备维修费				
	4	租金				
	5	购买新建筑				
	6	计提折旧				
	7	市场开拓投资				
	8	ISO 认证投资				
	9	年末现金对账				
	10	关账				

表 B-68　第五年年末现金流量表

单位：百万元

操作顺序		项　目	1 季度	2 季度	3 季度	4 季度
年初	1	新年度规划会议				
	2	支付上年应交税				
	3	广告费				
	4	参加订货会/登记销售订单				
年中	1	季初现金余额				
	2	应收款到期（＋）				
	3	变卖生产线（＋）				
	4	变卖原料/产品（＋）				

续表

操作顺序		项　目	1季度	2季度	3季度	4季度
年中	5	变卖厂房（＋）				
	6	短期贷款（＋）				
	7	归还短贷及利息				
	8	贴现费用				
	9	高利贷贷款（＋）				
	10	归还高利贷及利息				
	11	原料采购支付现金				
	12	成品采购支付现金				
	13	设备改造费				
	14	生产线投资				
	15	加工费用				
	16	产品研发				
	17	行政管理费				
	18	其他				
	19	收入总计				
	20	支出总计				
	21	季末现金余额				
年末	1	长期贷款				
	2	归还长期贷款及利息				
	3	设备维修费				
	4	租金				
	5	购买新建筑				
	6	计提折旧				
	7	市场开拓投资				
	8	ISO 认证投资				
	9	年末现金对账				
	10	关账				

表 B-69　第五年小组间交易登记表

买　入			卖　出		
货物名称	数　量	单 价/M	货物名称	数　量	单 价/M

表 B-70　第五年综合管理费用明细表

单位:百万元

项　目	金　额
行政管理费	
广告费	
设备维修费	
设备改造费	
租金	
产品研发	
市场开拓	
ISO 认证	
其他	
合　计	

表 B-71　第五年利润表

单位:百万元

项　目	上一年	本　年
一、销售收入		
减:成本		
二、毛利		
减:综合费用		
折旧		
财务净损益		
三、营业利润		
加:营业外净收益		
四、利润总额		
减:所得税		
五、净利润		

表 B-72　第五年资产负债表

年　月　日

单位:百万元

资　产	年初数	期末数	负债及所有者权益	年初数	期末数
流动资产:			负债:		
现金			短期负债		
应收账款			应付账款		
原材料			应交税金		
产成品			长期负债		
在制品					
流动资产合计			负债合计		
固定资产:			所有者权益:		
土地建筑净值			股东资本		
机器设备净值			以前年度利润		
在建工程			当年净利润		
固定资产合计			所有者权益合计		
资产总计			负债及权益总计		

表 B-73　第六年企业重要决策

1 季度	2 季度	3 季度	4 季度	年　底

表 B-74　第六年广告投放方案

市场类别	Beryl	Crystal	Ruby	Saphire
本　地				
区　域				
国　内				
亚　洲				
国　际				

表 B-75　第六年订单

项　目	1	2	3	4	5	6	合计
市场							
产品名称							
账期							
交货期							
单价							
订单数量							
订单销售额							
成本							
毛利							

表 B-76　第六年第一季度现金流量表

单位：百万元

操作顺序		项　目	1 季度	2 季度	3 季度	4 季度
年初	1	新年度规划会议				
	2	支付上年应交税				
	3	广告费				
	4	参加订货会/登记销售订单				
年中	1	季初现金余额				
	2	应收款到期（＋）				
	3	变卖生产线（＋）				
	4	变卖原料/产品（＋）				
	5	变卖厂房（＋）				
	6	短期贷款（＋）				
	7	归还短贷及利息				
	8	贴现费用				
	9	高利贷贷款（＋）				
	10	归还高利贷及利息				
	11	原料采购支付现金				
	12	成品采购支付现金				
	13	设备改造费				

续表

操作顺序		项　目	1季度	2季度	3季度	4季度
年中	14	生产线投资				
	15	加工费用				
	16	产品研发				
	17	行政管理费				
	18	其他				
	19	收入总计				
	20	支出总计				
	21	季末现金余额				
年末	1	长期贷款				
	2	归还长期贷款及利息				
	3	设备维修费				
	4	租金				
	5	购买新建筑				
	6	计提折旧				
	7	市场开拓投资				
	8	ISO认证投资				
	9	年末现金对账				
	10	关账				

表 B-77　第六年第二季度现金流量表

单位:百万元

操作顺序		项　目	1季度	2季度	3季度	4季度
年初	1	新年度规划会议				
	2	支付上年应交税				
	3	广告费				
	4	参加订货会/登记销售订单				
年中	1	季初现金余额				
	2	应收款到期(+)				
	3	变卖生产线(+)				
	4	变卖原料/产品(+)				
	5	变卖厂房(+)				
	6	短期贷款(+)				
	7	归还短贷及利息				
	8	贴现费用				
	9	高利贷贷款(+)				
	10	归还高利贷及利息				
	11	原料采购支付现金				

续表

操作顺序		项　目	1季度	2季度	3季度	4季度
年中	12	成品采购支付现金				
	13	设备改造费				
	14	生产线投资				
	15	加工费用				
	16	产品研发				
	17	行政管理费				
	18	其他				
	19	收入总计				
	20	支出总计				
	21	季末现金余额				
年末	1	长期贷款				
	2	归还长期贷款及利息				
	3	设备维修费				
	4	租金				
	5	购买新建筑				
	6	计提折旧				
	7	市场开拓投资				
	8	ISO 认证投资				
	9	年末现金对账				
	10	关账				

表 B-78　第六年第三季度现金流量表

单位:百万元

操作顺序		项　目	1季度	2季度	3季度	4季度
年初	1	新年度规划会议				
	2	支付上年应交税				
	3	广告费				
	4	参加订货会/登记销售订单				
年中	1	季初现金余额				
	2	应收款到期(+)				
	3	变卖生产线(+)				
	4	变卖原料/产品(+)				
	5	变卖厂房(+)				
	6	短期贷款(+)				
	7	归还短贷及利息				
	8	贴现费用				
	9	高利贷贷款(+)				

续表

操作顺序		项　目	1 季度	2 季度	3 季度	4 季度
年中	10	归还高利贷及利息				
	11	原料采购支付现金				
	12	成品采购支付现金				
	13	设备改造费				
	14	生产线投资				
	15	加工费用				
	16	产品研发				
	17	行政管理费				
	18	其他				
	19	收入总计				
	20	支出总计				
	21	季末现金余额				
年末	1	长期贷款				
	2	归还长期贷款及利息				
	3	设备维修费				
	4	租金				
	5	购买新建筑				
	6	计提折旧				
	7	市场开拓投资				
	8	ISO 认证投资				
	9	年末现金对账				
	10	关账				

表 B-79　第六年第四季度现金流量表

单位:百万元

操作顺序		项　目	1 季度	2 季度	3 季度	4 季度
年初	1	新年度规划会议				
	2	支付上年应交税				
	3	广告费				
	4	参加订货会/登记销售订单				
年中	1	季初现金余额				
	2	应收款到期(＋)				
	3	变卖生产线(＋)				
	4	变卖原料/产品(＋)				
	5	变卖厂房(＋)				
	6	短期贷款(＋)				
	7	归还短贷及利息				

操作顺序		项　目	1季度	2季度	3季度	4季度
年中	8	贴现费用				
	9	高利贷贷款（＋）				
	10	归还高利贷及利息				
	11	原料采购支付现金				
	12	成品采购支付现金				
	13	设备改造费				
	14	生产线投资				
	15	加工费用				
	16	产品研发				
	17	行政管理费				
	18	其他				
	19	收入总计				
	20	支出总计				
	21	季末现金余额				
年末	1	长期贷款				
	2	归还长期贷款及利息				
	3	设备维修费				
	4	租金				
	5	购买新建筑				
	6	计提折旧				
	7	市场开拓投资				
	8	ISO认证投资				
	9	年末现金对账				
	10	关账				

表 B-80　第六年年末现金流量表

单位：百万元

操作顺序		项　目	1季度	2季度	3季度	4季度
年初	1	新年度规划会议				
	2	支付上年应交税				
	3	广告费				
	4	参加订货会/登记销售订单				
年中	1	季初现金余额				
	2	应收款到期（＋）				
	3	变卖生产线（＋）				
	4	变卖原料/产品（＋）				
	5	变卖厂房（＋）				

续表

操作顺序		项　目	1 季度	2 季度	3 季度	4 季度
年中	6	短期贷款（＋）				
	7	归还短贷及利息				
	8	贴现费用				
	9	高利贷贷款（＋）				
	10	归还高利贷及利息				
	11	原料采购支付现金				
	12	成品采购支付现金				
	13	设备改造费				
	14	生产线投资				
	15	加工费用				
	16	产品研发				
	17	行政管理费				
	18	其他				
	19	收入总计				
	20	支出总计				
	21	季末现金余额				
年末	1	长期贷款				
	2	归还长期贷款及利息				
	3	设备维修费				
	4	租金				
	5	购买新建筑				
	6	计提折旧				
	7	市场开拓投资				
	8	ISO 认证投资				
	9	年末现金对账				
	10	关账				

表 B-81　第六年小组间交易登记表

买　入			卖　出		
货物名称	数　量	单价/M	货物名称	数　量	单价/M

表 B-82　第六年综合管理费用明细表

单位:百万元

项　目	金　额
行政管理费	
广告费	
设备维修费	
设备改造费	
租金	
产品研发	
市场开拓	
ISO 认证	
其他	
合　计	

表 B-83　第六年利润表

单位:百万元

项　目	上一年	本　年
一、销售收入		
减:成本		
二、毛利		
减:综合费用		
折旧		
财务净损益		
三、营业利润		
加:营业外净收益		
四、利润总额		
减:所得税		
五、净利润		

表 B-84　第六年资产负债表

年　月　日

单位:百万元

资　产	年初数	期末数	负债及所有者权益	年初数	期末数
流动资产:			负债:		
现金			短期负债		
应收账款			应付账款		
原材料			应交税金		
产成品			长期负债		
在制品					
流动资产合计			负债合计		
固定资产:			所有者权益:		
土地建筑净值			股东资本		
机器设备净值			以前年度利润		
在建工程			当年净利润		
固定资产合计			所有者权益合计		
资产总计			负债及权益总计		

表 B-85　第七年企业重要决策

1季度	2季度	3季度	4季度	年　底

表 B-86　第七年广告投放方案

市场类别	Beryl	Crystal	Ruby	Saphire
本　地				
区　域				
国　内				
亚　洲				
国　际				

表 B-87　第七年订单

项　目	1	2	3	4	5	6	合计
市场							
产品名称							
账期							
交货期							
单价							
订单数量							
订单销售额							
成本							
毛利							

表 B-88　第七年第一季度现金流量表

单位:百万元

操作顺序		项　目	1季度	2季度	3季度	4季度
年初	1	新年度规划会议				
	2	支付上年应交税				
	3	广告费				
	4	参加订货会/登记销售订单				
年中	1	季初现金余额				
	2	应收款到期(＋)				
	3	变卖生产线(＋)				
	4	变卖原料/产品(＋)				
	5	变卖厂房(＋)				
	6	短期贷款(＋)				
	7	归还短贷及利息				
	8	贴现费用				
	9	高利贷贷款(＋)				
	10	归还高利贷及利息				
	11	原料采购支付现金				
	12	成品采购支付现金				

续表

操作顺序		项　目	1季度	2季度	3季度	4季度
年中	13	设备改造费				
	14	生产线投资				
	15	加工费用				
	16	产品研发				
	17	行政管理费				
	18	其他				
	19	收入总计				
	20	支出总计				
	21	季末现金余额				
年末	1	长期贷款				
	2	归还长期贷款及利息				
	3	设备维修费				
	4	租金				
	5	购买新建筑				
	6	计提折旧				
	7	市场开拓投资				
	8	ISO认证投资				
	9	年末现金对账				
	10	关账				

表 B-89　第七年第二季度现金流量表

单位:百万元

操作顺序		项　目	1季度	2季度	3季度	4季度
年初	1	新年度规划会议				
	2	支付上年应交税				
	3	广告费				
	4	参加订货会/登记销售订单				
年中	1	季初现金余额				
	2	应收款到期(+)				
	3	变卖生产线(+)				
	4	变卖原料/产品(+)				
	5	变卖厂房(+)				
	6	短期贷款(+)				
	7	归还短贷及利息				
	8	贴现费用				
	9	高利贷贷款(+)				
	10	归还高利贷及利息				

操作顺序		项 目	1季度	2季度	3季度	4季度
年中	11	原料采购支付现金				
	12	成品采购支付现金				
	13	设备改造费				
	14	生产线投资				
	15	加工费用				
	16	产品研发				
	17	行政管理费				
	18	其他				
	19	收入总计				
	20	支出总计				
	21	季末现金余额				
年末	1	长期贷款				
	2	归还长期贷款及利息				
	3	设备维修费				
	4	租金				
	5	购买新建筑				
	6	计提折旧				
	7	市场开拓投资				
	8	ISO 认证投资				
	9	年末现金对账				
	10	关账				

表 B-90 第七年第三季度现金流量表

单位:百万元

操作顺序		项 目	1季度	2季度	3季度	4季度
年初	1	新年度规划会议				
	2	支付上年应交税				
	3	广告费				
	4	参加订货会/登记销售订单				
年中	1	季初现金余额				
	2	应收款到期(+)				
	3	变卖生产线(+)				
	4	变卖原料/产品(+)				
	5	变卖厂房(+)				
	6	短期贷款(+)				
	7	归还短贷及利息				
	8	贴现费用				

续表

操作顺序		项 目	1季度	2季度	3季度	4季度
年中	9	高利贷贷款（＋）				
	10	归还高利贷及利息				
	11	原料采购支付现金				
	12	成品采购支付现金				
	13	设备改造费				
	14	生产线投资				
	15	加工费用				
	16	产品研发				
	17	行政管理费				
	18	其他				
	19	收入总计				
	20	支出总计				
	21	季末现金余额				
年末	1	长期贷款				
	2	归还长期贷款及利息				
	3	设备维修费				
	4	租金				
	5	购买新建筑				
	6	计提折旧				
	7	市场开拓投资				
	8	ISO 认证投资				
	9	年末现金对账				
	10	关账				

表 B-91　第七年第四季度现金流量表

单位：百万元

操作顺序		项 目	1季度	2季度	3季度	4季度
年初	1	新年度规划会议				
	2	支付上年应交税				
	3	广告费				
	4	参加订货会/登记销售订单				
年中	1	季初现金余额				
	2	应收款到期（＋）				
	3	变卖生产线（＋）				
	4	变卖原料/产品（＋）				
	5	变卖厂房（＋）				
	6	短期贷款（＋）				

续表

操作顺序		项 目	1季度	2季度	3季度	4季度
年中	7	归还短贷及利息				
	8	贴现费用				
	9	高利贷贷款（＋）				
	10	归还高利贷及利息				
	11	原料采购支付现金				
	12	成品采购支付现金				
	13	设备改造费				
	14	生产线投资				
	15	加工费用				
	16	产品研发				
	17	行政管理费				
	18	其他				
	19	收入总计				
	20	支出总计				
	21	季末现金余额				
年末	1	长期贷款				
	2	归还长期贷款及利息				
	3	设备维修费				
	4	租金				
	5	购买新建筑				
	6	计提折旧				
	7	市场开拓投资				
	8	ISO认证投资				
	9	年末现金对账				
	10	关账				

表 B-92 第七年年末现金流量表

单位：百万元

操作顺序		项 目	1季度	2季度	3季度	4季度
年初	1	新年度规划会议				
	2	支付上年应交税				
	3	广告费				
	4	参加订货会/登记销售订单				
年中	1	季初现金余额				
	2	应收款到期（＋）				
	3	变卖生产线（＋）				
	4	变卖原料/产品（＋）				

操作顺序		项　目	1 季度	2 季度	3 季度	4 季度
年中	5	变卖厂房（＋）				
	6	短期贷款（＋）				
	7	归还短贷及利息				
	8	贴现费用				
	9	高利贷贷款（＋）				
	10	归还高利贷及利息				
	11	原料采购支付现金				
	12	成品采购支付现金				
	13	设备改造费				
	14	生产线投资				
	15	加工费用				
	16	产品研发				
	17	行政管理费				
	18	其他				
	19	收入总计				
	20	支出总计				
	21	季末现金余额				
年末	1	长期贷款				
	2	归还长期贷款及利息				
	3	设备维修费				
	4	租金				
	5	购买新建筑				
	6	计提折旧				
	7	市场开拓投资				
	8	ISO 认证投资				
	9	年末现金对账				
	10	关账				

表 B-93　第七年小组间交易登记表

买　入			卖　出		
货物名称	数　量	单　价/M	货物名称	数　量	单　价/M

表 B-94 第七年综合管理费用明细表

单位:百万元

项 目	金 额
行政管理费	
广告费	
设备维修费	
设备改造费	
租金	
产品研发	
市场开拓	
ISO 认证	
其他	
合计	

表 B-95 第七年利润表

单位:百万元

项 目	上一年	本 年
一、销售收入		
减:成本		
二、毛利		
减:综合费用		
折旧		
财务净损益		
三、营业利润		
加:营业外净收益		
四、利润总额		
减:所得税		
五、净利润		

表 B-96 第七年资产负债表

年 月 日

单位:百万元

资 产	年初数	期末数	负债及所有者权益	年初数	期末数
流动资产:			负债:		
现金			短期负债		
应收账款			应付账款		
原材料			应交税金		
产成品			长期负债		
在制品					
流动资产合计			负债合计		
固定资产:			所有者权益:		
土地建筑净值			股东资本		
机器设备净值			以前年度利润		
在建工程			当年净利润		
固定资产合计			所有者权益合计		
资产总计			负债及权益总计		

五、ERP沙盘模拟企业经营实训心得

附录 C 评分标准

评分标准如表 C-1 所示。

表 C-1 各职能岗位考核标准

岗位	考评项目及标准		考核满分	1 年	2 年	3 年	4 年	5 年	6 年	总评
营销主管	运行记录、台账正确、及时、完整		20							
	分析报告、销售计划与执行的吻合度		20							
	广告投放合理，广告投入产出比		20							
	按时交货，订单是否违约		20							
	及时催收应收款，回收及时		20							
	姓名：	合计	100							
生产主管	运行记录、台账正确、及时、完整		20							
	生产计划的制订与执行，开工计划及执行的吻合度，保证供货		20							
	产能的计算，及时提供正确的产能数据，是否因产能计算造成违约		20							
	产品研发与设备投资是否把握时机，两者是否匹配，是否造成延期生产		20							
	正确核算生产成本，是否过量的产品库存		20							
	姓名：	合计	100							
采购主管	运行记录、台账正确、及时、完整		20							
	制订与生产计划匹配的采购计划		20							
	采购计划的执行，及时采购、收料与付款		20							
	保证生产所需物料供应		20							
	每季度各种原料是否实现零库存		20							
	姓名：	合计	100							

续表

岗位	考评项目及标准		考核满分	1年	2年	3年	4年	5年	6年	总评
财务主管	运行记录,台账正确、及时、完整		20							
	制订与业务匹配的资金计划,不出现资金短缺		20							
财务助理	报表及时、准确完成,无超时、错误		20							
	融资方式合理、低成本		20							
	正确计算并支付各项费用		20							
	姓名:	合计	100							
CEO	运行记录,台账正确、及时、完整		20							
	经营目标制定及业绩达成是否一致		20							
	保证企业经营流程顺畅		20							
	是否授权合理,分配合理		20							
	注重人员能力提升,团队协作,各岗位到岗率,企业文化建设		20							
	姓名:	合计	100							

参 考 文 献

[1] 杨静. ERP 沙盘模拟经营项目教程[M]. 北京：清华大学出版社，2014.

[2] 刘洪玉，刘丽. 企业经营模拟原理及 ERP 沙盘实训教程[M]. 北京：清华大学出版社，2013.

[3] 董红杰，吴泽强. 企业经营 ERP 沙盘应用教程. [M]. 北京：北京大学出版社，2012.

[4] 周菁. ERP 沙盘模拟教程[M]. 北京：北京大学出版社，2013.

[5] 高天宏，赵璐. 新编 ERP 沙盘模拟指导教程[M]. 成都：西南财经大学出版社，2014.

[6] 胡洁，熊燕. ERP 沙盘模拟实训教程[M]. 大连：东北财经大学出版社，2014.

[7] 刘勇. ERP 沙盘模拟实训教程[M]. 北京：经济管理出版社，2010.

[8] 王新玲，柯明，耿锡润. ERP 沙盘模拟学习指导书[M]. 北京：电子工业出版社，2006.

[9] 夏远强，叶剑明. 企业管理 ERP 沙盘模拟教程[M]. 北京：电子工业出版社，2007.

[10] 刘平. 企业经营管理综合实训：基于企业经营沙盘模拟对抗[M]. 北京：清华大学出版社，2010.

[11] 刘平. 企业经营沙盘模拟实训手册[M]. 北京：清华大学出版社，2010.

[12] 徐峰，孙伟力，王新玲. ERP 沙盘模拟实验指导书[M]. 南京：南京大学出版社，2011.